発達障害

共生への第一歩

みんな違う　だからいい

滋賀医科大学小児科　藤井 茂樹

パームこどもクリニック　宇野 正章

少年写真新聞社

目　次

目 次

はじめに

特別支援教育が完全実施されて４年がたちました。小中学校から出発し、現在、幼稚園（保育所を含む)、高等学校における発達障害支援のあり方の検討がなされ、平成22年度の大学入試センター試験においては、発達障害のある高校生への試験における配慮が実施されたのです。しかし、地域により特別支援教育の実施状況に差がみられ、また小中学校においても温度差は大きいようです。

本書は『発達障害はじめの一歩』の第２弾として制作しました。この本を通して、発達障害は環境（その人が生活する場やその人と関わる人との関係）によって左右されるため、環境調整が大切であることと、その環境と自分とがどう関わっていくかについてを伝えたいと考えました。

発達障害の特徴を観てみると強さ弱さの差はあれ、どの人も一つや二つは持っていると言えます。持っていてもうまく適応している場合は、その人を取り巻く環境の良さ（本人を好意的に理解する人が多いなど）と、その人自身が自分の持っている特徴を受け入れているケースなのではないでしょうか。現代社会を概観すると、どうしても人と同じであることを求める傾向が強いように思います。学校では特に同調意識が強く、優れていてもまたできにくさがあっても、そのことを人に知られまいとしながら生活する傾向が見受けられます。「一人ひとり違っていい」と言いながら、実は「まわりの人と同じであってほしい」という大人のメッセージを感じとっている子どもたちが、発達障害のある子の少し奇異でまた個性的である行動を受け入れにくく感じているとも言えます。

本書では、まず自分はどんなタイプであるかをチェックすることから始まっています。自分を知ることから、相手とのコミュニケーションをとっていくのです。次に、コミュニケーションをとる相手の理解です。発達障害のある人の行動特徴は、どんな人も少なからず持っており、そのことを互いに認め合えるかどうかです。この認め合える関係が構築できないと、発達障害のある人に二次的な問題を生み、そのことが彼らを苦しめるのです。発達障害のある人と関わる中で特に思うことは、私たちがどれだけ「寛容さ」を持って人と関わっているかです。気になる行動に気を取られすぎるのではなく、時には「見逃す」ことも重要ではないでしょうか。

発達障害のある人へのサポートは、発達障害のある人もない人も「互いにいかし合える関係」から考えていくことであると思います。

本書に出てくるディスクレシアの青年がいう、「違いを認め、お互いを思いやることが一番のサポート」ということこそが、今、発達障害のある人だけではなく、何らかの支援を必要とする人から求められていることと言えるでしょう。

藤井茂樹

ぼくは脳のミームです。『発達障害 はじめの一歩』に続いて、みなさんのガイド役にときどき登場します。よろしくお願いします。

第1章

あなたのタイプは？

発達障害とまではいかないまでも、
私たち一人ひとりも結構個性的なもの。
あなたはどのタイプに近いか
チェックしてみてください。

あなたの

自分に当てはまるものをチェックして、一番多いもの（多くなくてもその傾向性が強いもの）があなたのタイプと言えるかも？

こだわり度チェック

□ こだわりは強い方だ
□ 一人でいるのが好きだ
□ クールと言われる
□ 空気を読めないことがある
□ 触られるのが苦手だ
□ つい本音を言ってしまう

これらが多い人（これらが強い人）→ p.10

活発度チェック

□ じっとしているのが苦手だ
□ 思いついたことはすぐしゃべる
□ 注意力が散漫だ
□ 整理整頓が苦手だ
□ しゃべりすぎてしまうことがある
□ 落ち着きがないとよく言われる

これらが多い人（これらが強い人）→ p.12

苦手なものチェック

□ 本を読んでいる最中にどこかわからなくなる
□ 聞く分にはいいが、話すのは苦手

□ 人の話を聞くのが苦手
□ 計算がやけに苦手
□ 書いていると字がひっくり返る
□ 話をまとめるのが苦手

これらが多い人（これらが強い人）→ p.14

現代人度チェック

□ 注意されるのが嫌い
□ 深く考えるのが苦手
□ 友達はいるけど親友はいない
□ みんなと一緒ならとりあえずいい
□ 誰かとつながっていないと不安
□ 無難に生きていきたい

これらが多い人（これらが強い人）→ p.16

つなげる度チェック

□ 困っている人を助けたくなる
□ 人の話を聞くのが得意
□ 待つのが苦にならない
□ 孤立している人に興味がある
□ 人が喜ぶのを見るのが好き
□ ダメなことはダメと言える

これらが多い人（これらが強い人）→ p.18

特に目立って多いものが無い人→ p.20

こだわりが強いタイプ

アスペルガーに近いタイプ？

あなたはこだわりが強いタイプのようですね。アスペルガーの人もそうなんです。アスペルガーの特徴はこだわりが強く、孤独を好み（別に好んでいるわけではないか…）、コミュニケーションが不得手。また、のめり込んだら、ものすごい集中力を発揮します。
「えー、こんな人いっぱいいるじゃない？」と思われますよね。そうなんです。アスペルガーも、ちょっと個性の強い人（強すぎる人）と考えれば、あなたの延長線上にいる人かもしれません。どこまでが個性でどこからが障害と呼ぶべきか…。脳の働き方に特徴があって、普通とはちょっと違う感じなわけですが、付き合い方のコツさえつかめれば、意外に面白いタイプかもしれませんよ。

発達障害の詳しい説明は→p.23、171

注意力散漫なタイプ

ADHD※に近いタイプ？

※ ADHD=Attention Deficit Hyperactivity Disorder（注意欠陥多動性障害）

　あなたは注意力散漫なタイプのようですね。とは言っても、あなたが即 ADHD というわけではありません。ADHD の特徴は注意力が散漫で、次から次へと興味の対象が移ってしまう、悪気はないけどコミュニケーションが独特、基本的には上機嫌なことが多いです。
「えー、こんな人いっぱいいるじゃない？」と思われますよね。そうなんです。ADHD も、ちょっと個性の強い人（強すぎる人）と考えれば、あなたの延長線上にいる人かもしれません。どこまでが個性でどこからが障害と呼ぶべきか…。脳の働き方に特徴があって、普通とはちょっと違うわけですが、付き合いかたのコツさえつかめれば、意外に面白いタイプかもしれませんよ。

発達障害の詳しい説明は→p.23、171

不思議な不得意があるタイプ

LD※に近いタイプ？

※ LD=Learning Disabilities（学習障害）

　あなたは不思議な不得意があるようですね。LD もそうなんです。ほかのことは問題がないのに、計算や読み書きや推論などの一部にやけに不得意な部分があるのがLD です。その不得意な部分だけを抜き出して考えると、「どうなってるの、この人は？」と思うかもしれませんが、それ以外はいたって普通であったり、優れていたりします。

　日本人は、不得意をなくして全部をまんべんなくできるようにしようとする傾向が強いですが、LD の人にとってはこれが大迷惑。不得意なことは挑戦して克服できるものもあれば、どうやってもできないこともあります。できない場合は、それを違うやり方でフォローする方法を身につけるほうが手っ取り早いこともあります。

発達障害の詳しい説明は→p.23、171

あなたの

現代人タイプ？

つながりたいけどつながりたくない

あなたは現代人気質の強い人のようです。常に誰かとゆるくつながっていることを求めつつも、深くつながったことがないので、それを求めることもありません。でも、今のあなたがそうなのはあなたのせいではありません。現代にはびこるゆるい大人たちのせいで、きちんとした反抗期を経験することもできず、確固とした自我を築くことができなかったのかもしれません。しかし、そのままでは人生はつまらないかもしれないので、少し改善することをお勧めします。今からのあなたは、あなた自身で変えていけるのです。

今のあなたを大切に育てて、ゆっくりでいいから成長していきましょう。

発達障害の人とのコミュニケーションは、意外に刺激的かもしれませんよ。

あなたの

コーディネータータイプ？

つなげるの得意タイプ

あなたはコーディネーターとしての才能を持っているようです。世の中には、優れた力を持ちながらコミュニケーションが苦手で、その力を発揮できない人が、たくさんいます。そうした人たちは誰かに見いだされなければ、一生、その力を発揮することはできません。それはその人にとっての損失であるだけでなく、社会にとっての損失でもあります。

あなたはそうした人を見つけたり、才能を発掘したり、それをいかしたりする力に優れています。人のため、社会のため、世界のために、あなたの持っている才能をいかして、孤立している人をサポートして力を出させてあげませんか？

一般人タイプ？

あなたが変われば世界が変わる

バランスよくさまざまな特徴を持つあなたは、一般人タイプ。世の中の大部分を占めるあなたのような人が、どちらに行くかで世の中は変わるといえるかもしれません。あなたのような人が、発達障害の人や、ちょっと変わった人たちを「優しい目」で見るのか、「厳しい目」で見るのかで世間の空気は決まるといえるかも。

発達障害の人たちを「優しく見守ってくれ」とはいいません。空気を読めない人を優しく見守るのは、相当心が大きくないとできません。気分の良いときや余裕のあるときはそうしてもらえればと思いますが、ふだんは、「見守らない」までも「見逃して」あげてもらえませんか？
「こいつ、こういう変なところあるけど、基本いいヤツだし…」というように、少々のへんてこぶりは見逃してもらえたらうれしいです。

みんなそこそこ変わっている

この章では、発達障害のタイプを中心に、あなたがどういうタイプに近いかをチェックしてみました。あなたはどのタイプでしたか？

発達障害の人は、結構、人にメーワクをかけますが、コミュニケーションが苦手（もしくは下手）なのは発達障害の人だけでもないですよね。やたらといばっているオジサンとか、あつかましいオバサンとか、コミュニケーションを避けるワカモノとか…。結構、まわりを見まわしてみると、変わった人は少なくないものです。変わっている度合いは人それぞれでも、みんなそこそこ変わっている…。「ふつうの人」なんて想像上の生き物で、本当は存在しないのかもしれません。

発達障害の人は、その中でも群を抜いてユニークで、何より空気が読めていないという点が「空気が読めること」を重視する日本社会では致命的ですが、そこを差っ引いてみれば、結構、愛すべき存在だったり、意外なところで頼りになったりするかもしれません。

第２章

改めて発達障害とは？

発達障害の症状や実際の診断、二次障害の事例などを、医療の現場と教育現場の第一線から語っていただきます。

発達障害の診断について

発達障害とは、「心身の機能の発達が困難な、あるいはきわめて緩慢な状態」と定義されています。ただ、「発達障害」と一口に言っても、さまざまな障害がありますし、その障害の現れ方も千差万別です。共通するのは、脳の機能的な問題（偏り）が先天的に存在し、幼少時から症状が見られることです。親のしつけが悪くて発症するわけではないのです。

近年、文部科学省が推進している特別支援教育の対象として、教育だけでなく社会的問題となってきたこの発達障害は、主に次の３障害からなります。

①不注意で落ち着きのない「注意欠陥/多動性障害（ADHD）」
②特定の学習だけがすごく苦手な「学習障害（LD）」
③人との付き合いが苦手でこだわりの強い「アスペルガー症候群」「高機能自閉症」を含む、「広汎性発達障害」（p.171 参照）

発達障害の中には、障害の程度が軽い、一見ふつうと変わらない子どもたちが多くいます。発達障害は、軽度であることがその問題ということができます。すなわち、目に見えにくいせいで障害があるのに気づかれないことです。

発達障害診断の難しさ

　このような目に見えにくい発達障害の診断は、ほかの病気の診断と大きく異なる点がいくつかあります。その最も難しい点は、病院では診断に必要な情報を得ることが難しいということだと言えます。

　ほとんどの疾患では、患者さんもしくはその保護者からの情報と医師が行う診察や検査の情報をもとに診断することができます。

　しかし、発達障害の診療では、診断のために最も重要な情報である患者さんの訴えが得られにくいということがあります。それは、患者さんのほとんどが小児であり、本人が症状を正しく伝えられなかったり、あるいは自分

小さな子は症状を説明できません。

の状況を理解できていなかったりするからです。そのため患者さんからの情報収集だけでは診断根拠としては不十分なことが多いのです。

また、保護者からの情報についてはどうでしょうか？保護者も診断の根拠となり得る現在の学校など集団での様子を正確に把握しているわけではありません。また、自分の子どもとほかの健常の子どもとの違いについて客観的に把握することは難しいことが多いでしょう。さらに、診断に必要な幼少期といった過去の情報をすでに忘れているといったこともよくあります。

したがって、通常の医療で私たちが診断に用いる患者さんならびにその保護者からの情報は発達障害の診断をするに当たりきわめて主観的であいまいなものです。とてもこれらの情報だけで診断できるようなものではないといってもいいでしょう。

このことをまず念頭に置いて診断について考えることが、発達に困難さを持つ子どもにかかわる大人たちにとって大切と言えるでしょう。

実際の診断

ではどのような形で医学的診断はなされる必要があるのでしょうか？ 診断の指針となる診断基準にそのヒントが隠されています。

現在、発達障害の診断基準には、アメリカ精神医学会の DSM-Ⅳ-TR や、世界保健機関（WHO）の ICD-10 のどちらかが用いられます。内容的には両基準に大きな違いはありません。

ADHD の診断基準

ここでは ADHD についてその診断基準である DSM-Ⅳ-TR を見てみましょう。

ADHDのDSM－Ⅳ－TRによる診断基準

資料：高橋三郎ほか訳（医学書院刊）からの引用

Ａ.（1）か（2）のどちらか。

（1）以下の不注意の症状のうち6つ（またはそれ以上）が少なくとも6か月以上続いたことがあり、その程度は不適応的で、発達の水準に相応しないもの。

不注意

（a）学業、仕事またはその他の活動において、しばしば綿密に注意することができない、または不注意な過ちをおかす。

（b）課題または遊びの活動で注意を持続することがしばしば困難である。

（c）直接話しかけられた時にしばしば聞いていないように見える。

（d）しばしば指示に従えず、学業、用事、または職場での義務をやり遂げることができない（反抗的な行動または指示を理解できないためではない）。
（e）課題や活動を順序だてることがしばしば困難である。
（f）（学業や宿題のような）精神的努力の持続を要する課題に従事することをしばしば避ける、嫌う、またはいやいや行う。
（g）（たとえばおもちゃ、学校の宿題、鉛筆、本、道具など）課題や活動に必要なものをしばしばなくす。
（h）しばしば外からの刺激によって容易に注意をそらされる。
（i）しばしば毎日の活動を忘れてしまう。

（2）以下の多動性－衝動性の症状のうち6つ（またはそれ以上）が少なくとも6か月以上持続したことがあり、その程度は不適応的で発達水準に相応しない。
多動性
（a）しばしば手足をそわそわと動かし、またはいすの上でもじもじする。
（b）しばしば教室や、その他座っていることを要求される状況で席を離れる。
（c）しばしば不適切な状況で、余計に走り回ったり高い所へ上ったりする（青年または成人では落ち着かない感じの自覚のみに限られるかもしれない）。
（d）しばしば静かに遊んだり余暇活動につくことができない。
（e）しばしばじっとしていない、またはエンジンで動かされるように行動する。
（f）しばしばしゃべりすぎる。

衝動性

（g）しばしば質問が終わる前に出し抜けに答えてしまう。
（h）しばしば順番を待つことが困難である。
（i）しばしば他人を妨害し、邪魔する（たとえば会話やゲームに干渉する）。

B．多動性ー衝動性または不注意の症状の幾つかが7歳未満に存在し、障害を引き起こしている。
C．これらの症状による障害が2つ以上の状況において（たとえば学校または仕事と家庭）存在する。
D．社会的、学業的または職業的機能において、臨床的に著しい障害が存在するという明確な証拠が存在しなければならない。
E．その症状は広汎性発達障害、統合失調症またはその他の精神病性障害の経過中にのみ起こるものではなく、他の精神疾患（たとえば気分障害、不安障害、解離性障害、または人格障害）ではうまく説明されない。

この診断基準で注目していただきたいのは、前ページの下線を引いた部分です。これを言い換えると次のようになります。

①小学校に入る前からその症状が存在すること
②学校と家庭の両方で症状が見られること
③学校での社会的行動（友人関係）と学習に著しい困難があること

つまりこれは小学校に入る前から症状が見られ、学校で現在子どもが友達関係や勉強で困っていることを確認する必要があるということです。

広汎性発達障害の診断

ほかの発達障害についても医療機関だけで診断するには困難な点がいくつかあります。高機能自閉症やアスペルガー障害といった広汎性発達障害では、対人関係、コミュニケーション、こだわりといった特徴をもとに、診断基準に基づいて診断されます。DSM- Ⅳ -TR の記載では、３歳までにその特性が存在することが必要な条件となっています。また、広汎性発達障害は ADHD と異なり家庭では問題があまり気づかれず、学校集団において初めて問題が明らかになるという特徴があります。

つまり広汎性発達障害の診断では３歳までの健診や保

育園などでの情報、学校などの集団での対人関係の困難さがあるといった情報が必要になり、この障害においても診察室では十分な情報を得ることが難しいといえます。

学習障害の診断

最後に学習障害ですが、その診断基準を簡単にまとめると、①難聴や視覚障害などの明らかな身体疾患がない。②全般的な認知は正常もしくは平均より優れている。③適切な学習環境にもかかわらず、標準化された学力検査においてある特定の分野における成績が著しく低い。

この診断においても学校の情報が最も重要になってきます。むしろ病院より学校だけで判断するほうが適切といえるかもしれません。

診断と教育との連携

病院での診断

病院ではどのようなことを診断に際して行うのでしょうか？

私たち医師は、ふつう5～10分、せいぜい長くて1～2時間しか診断のための時間を取ることができません。そのとき医師が見逃してはいけないのは発達障害とよく似た症状を引き起こす身体疾患などの存在です。例を挙げるとチック、脳波異常・てんかん、睡眠障害（入眠困難・夜驚症・夢中遊行症）、アトピー性皮膚炎などのアレルギー疾患、内分泌・代謝性疾患、心身症的症状（腰痛、頭痛）、聴力障害、視覚障害などです。

ADHDと思われていた子どもがてんかんであったり、甲状腺ホルモンの異常であったりということをときに経験します。また、アトピー性皮膚炎によるかゆみやその治療薬の副作用による眠気のため、子どもが不注意になるということもしばしば経験します。もし発達障害の症状がこのような身体疾患から起こっている場合は、発達障害という診断にはなりません。もちろん、治療の際も発達障害の診断の前に、てんかんやホルモンの異常に対する治療をすることで、症状がなくなることを確認する必要があります。

診断のために必要な情報

以上から、診断にはどのような情報が必要なのかをまとめてみると、次のようになります。

- 乳幼児健診、親子教室や療育教室からの情報
- 保育・教育機関（保育園・幼稚園・学校）からの情報
- 保護者からの情報
- 発達障害とよく似た症状を呈する病気がないこと

このときにその情報の質が問題になってきます。個人の主観ではなく担任・専門性の高い教師やスクールカウンセラーの先生といった客観性のある情報であることや、現在の状況だけでなく以前から症状が存在していることなどが確認できなければいけません。また、診断の後の治療のことも考えた上で医療機関を受診することが大切です。

なぜなら発達障害は診断後、飲み薬や注射で治すものではなく、学校と家庭が協力し一貫性のある継続した心理社会的な支援が主な治療になるからです。

そのためには医療機関にかかる前に、その子どもにかかわる大人たちが障害のあることを共通理解し、支援の手立てについてもすでに共有している必要があります。支援は診断が前提にあるわけではありません。発達障害に似た困難さを有する子どもについても、診断の有無にかかわらず支援や配慮を行う必要があります。

大切なのはニーズに合わせた支援

病院で診断されれば、

勉強ができるようになったり、

座って授業を受けられるようになったり、

友達ができたりする

わけではないのです。その後の支援がなければ診断を受けてもあまり意味がありません。診断より子どもの普段の生活の中でのきめ細かい支援が大事なのです。子どものニーズに合わせた支援や配慮により学習や友達関係がうまくできているようであれば、診断をあえてする必要はないことも多いといえます。

受診の前に整備が必要な条件

では具体的に医療受診に先立ち、上記の情報以外に子どもを取り巻くさまざまな条件として、どのようなものを整備しておくことが必要になるのでしょうか。以下に列挙します。

・保護者の障害の受容
・学校での障害の有無に対する共通理解
・学校での支援体制の確立
・医療受診の目的（発達診断・身体疾患の鑑別診断・服薬）について学校と保護者の共通理解

支援体制づくりのためのツール・システム

このような発達障害児の支援体制づくりや医療機関との連携のために、国ではいくつかのツールとシステムを定めています。

- 障害の見立てのためのツールとしては、DSM-Ⅳ-TR（p.27参照）とほぼ同じ内容を含む「児童・生徒理解に関するチェックリスト」。
- 子どもの発達に関する情報と、支援の中心となる心理社会的治療の一貫性や継続性を保障するための「個別の指導計画」。
- 学校全体として、子どもの特性について共通理解し、その対応を考える「校内委員会」。
- 保護者・保健・福祉・教育委員会や医療といった学校や教育以外との連絡や対応の窓口である「特別支援教育コーディネーター」の配置。

つまり医療受診に際しては、次の手順を踏みます。「校内委員会」で、「児童・生徒理解に関するチェックリスト」を用いて子どもの発達上の課題を共通理解し、「個別の指導計画」を作成し支援を行った後、学校判断として診断が必要であることを確認し、保護者の了解を得て「特別支援教育コーディネーター」が窓口となり医療受診します。

病院では、医学的検査（血液・脳波・聴力・視機能など）を行い診断し、保護者の同意を得て情報を特別支援教育コーディネーターに伝えます。

服薬については、学校・家庭で支援を行っても子どもの状態が改善しない場合に、学校との連携のもと、薬物療法を開始します。

診断の際の注意点

教育との連携の中で診断にかかわる問題をいろいろと経験してきました。その中で医療と教育それぞれが気をつけなければならないことがあると思います。

以下にそれをまとめます。

医療が気をつけること

1．教育などからの情報を得ずに医療機関・保護者だけで診断をしないこと
2．就学指導、教育的手立てや学級運営といった教育的内容について意見しないこと

発達障害の診断を学校を介さずに直接、保護者から求められることもあります。そのとき、相対的な評価であるという要素の強い診断基準であることや判断能力のない子どもへの診断であるという観点からも教育などからの情報が必要であり、診断の前に特別支援教育コーディ

ネーターや担任にまず相談するように保護者に勧める配慮が必要といえます。

教育が気をつけること

1. 情報提供せず診断・告知を医療に任せてしまうこと
2. 文書ではなく口頭で関係機関との連携を図ること
3. 教育的支援に診断が不可欠と考えること
4. 学校内の共通理解や体制整備のためまたは保護者の障害受容を目的に診断のための受診を勧めること

子どもたちが正しい判断と支援を受けられるように、かかわる大人たち（教師・医師・保護者など）はそれぞれが互いの役割を認識することと、情報の共有と継続性を保つことが大切といえるでしょう。

二次障害について

子どもが抱えている困難さを周囲が理解していたとしても十分に対応しきれていないために、本来抱えている困難さとは別の二次的な情緒や行動上の問題が出てしまうものを、二次障害といいます。それは、心理的な要因から起こるもの、身体的にも影響を及ぼすものなどさまざまです。また、発達障害は、PDD※1とADHD※2、LD※3とADHD、PDDとLDというように発達障害の相互の合併や、二次障害などから派生した別の症状・障害と併存することも多いのが特徴です。

自己評価の低下を防ぐ

抱えている困難さを周囲に理解してもらえないために、友達になじられたり親や教師に怒られたりなどといった失敗体験を繰り返していると、次第に自分は「ダメな子」「できない子」という思いにとらわれてしまいます。「何をやってもうまくいかない」という思い、プレッシャーが強くなると、何に対してもやる気がわいてこなくなったり、自分に対して否定的になったりと、自己評価が低下してしまいます。このような状態は、障害を持つ子どもたちにとっても決してまれなことではありません。

※1　PDD=Pervasive Developmental Disorders（広汎性発達障害）
※2　ADHD=Attention Deficit Hyperactivity Disorder（注意欠陥多動性障害）
※3　LD=Learning Disabilities（学習障害）

反抗挑戦性障害

自分にとって有益なことであっても反対したり、周囲に対して挑戦・挑発的でかつ反抗的な態度・行動をとってしまうものを反抗挑戦性障害といいます。９歳前後で認められるようになることが多く、同年代の子どもの行動範囲の限度を明らかに超えた行動が見られます。しかし、法律に触れたり、権利を侵害したりしてしまうような行為は見られません。多動性障害や学習障害などとの合併が見られると、加齢に伴い後に行為障害に移行する場合（DBD[※4]マーチ）もあり、行為障害の前駆的な障害という見方もされています。

※４ DBD=Disruptive Behavior Disorders（破壊的行動障害）

児童精神科医の齋藤万比古氏らが平成12年に行った、ADHDの子ども90人（大半が中学生まで）を対象とした併存障害に関する調査によると、ADHDの子どものうち行為障害を併存する子どもは約10%であったのに対し、反抗挑戦性障害は大半に上ることがわかりました。また、反抗挑戦性障害と行為障害（次ページ参照）を「行動障害群」とした場合、その併存率は約70%であることがわかり、かなり高い確率で併存することがうかがえます。ちなみに、1997年の米国児童青年精神医学会発表のADHDに関する知見のコンセンサスによりますと、ADHDの子どもにおける反抗挑戦性障害の併存率は50%を上限とする数字を挙げているそうです。

以上のように、ADHDが反抗挑戦性障害を併存する場合はまれではなく、また行為障害へと進展してしまう場合もあるため、ADHDの子どもにおいて、反抗挑戦性障害の併存の有無を早めに発見することが非常に重要となります。もし、ADHDの子どもが反抗挑戦性障害を合併した場合、次のような治療がなされます。

①親子関係の修復（ペアレントトレーニング）
②ソーシャルスキルトレーニング
③ADHD症状に対する薬物治療
④地域ネットワークにおける、親の会などの社会的

資源の活用（医療だけでなく、福祉・教育分野など多系統にわたるネットワークが必要）

治療が難しいとされる行為障害への進展を予防するためにも、反抗挑戦性障害の状態で治療開始が望まれます。

行為障害

成長とともに反抗挑戦性障害の子どもの問題行動がエスカレートし、万引きなどの触法行為、人や動物に対する過度の攻撃性や暴力、重大な規則違反などが見られると、もはや反抗挑戦性障害ではなく、「非行」とほぼ同義で扱われる行為障害となってしまいます。また、ADHD →反抗挑戦性障害→行為障害の経過をたどるといった「DBD（破壊的行動障害）マーチ」が見られることもあります。さらに、ごく一部はその後、「ASPD※5（反社会性人格障害）」へと発展するものも見られます。

行為障害に発展するまでに、適切な理解の下で十分かつ適切な指導・療育が受けられないと、治療は困難極まりなく、また予後不良という悲しい状態になってしまいます。また、治療法も医療分野だけでは到底不可能で、福祉・教育分野や地域とのかかわりも大きな役目を担っています。

※5　ASPD=Antisocial Personality Disorder（反社会性人格障害）

うつ状態との関連

自己評価の低下が続く状態になると、抑うつ気分を伴います。しかし、どうしても問題行動が表に出てしまうため、うつ状態の存在が見逃されやすいこともあるようです。発達障害の中でも、とりわけADHDやPDDの子どもにうつ状態が認められやすいようですが、問題行動ばかり目につき、なぜ起こるのかという背景を考慮せずに怒られるといった悪循環が生じ、否定的な自己評価をしてしまいやすいからなのかもしれません。また、ADHDの経過中に存在しているうつ状態が見逃されている可能性は否定できないといわれています。

うつ病の症状は、感情・思考・欲動といった精神面、身体面に対して出現してきます。代表的な症状は、次のようなものです。

精神面

- 興味や関心がなくなり、楽しめなくなる
- 知的活動などの能力・能率の低下
- 意欲や気力、集中力がなくなる、不安

身体面

- 食欲の増減・変化
- 睡眠障害
- 全身のだるさ

また、これらの症状が、「朝方はひどく、夕方から夜にかけては軽くなる」（近年では、夕方になると調子が悪くなるケースも多くなってきました）といった日内変動もしばしば見られます。もし、ADHDの子どもがうつ状態を併存している場合、安易にADHD症状に対する薬物療法を行ってしまうと、二次的な問題の対応が遅れ、逆に自己評価の低下を促してしまうこともあるようです。子どもに対する的確な情報収集や観察をすることで、うつ状態の早期発見が必要です。

二次障害防止のポイントは、自己評価をアップさせることなんだね

二次障害の事例①

ここまでは、本来抱えている困難さとは別の二次的な情緒や行動の問題が出てしまう二次障害について総論的に論じてきましたが、ここからは事例を通して考えていきたいと思います。二次障害には、行動障害として顕著になる場合や、不登校・ひきこもりの状態を呈する場合があります。また、発達障害から来る行動特徴などを理解しきれず、保護者が虐待に及んでしまう場合が見られます。今回は、行動障害に焦点を当てながら、支援の在り方について考えていきたいと思います。

事例1
LD、ADHDを併せ持つ（混合型）12歳の男児

育ちの様子

幼児期より、かんが強く夜泣きが激しい子どもでした。歩き始めは早かったのですが、言葉はやや遅めでした。保育園に入園するくらいから多動が目立ち始め、集団行動が困難な状況でした。外出するとスーパーなどでいつも迷子になり、目の離せない子どもでした。父親は、幼児期から多動な本児に対し、しつけとしての暴力を振るうことが多かったそうです。

小学校の低学年の時は離席を繰り返し、落ち着いて学

習することはできませんでした。小学校３年くらいから学習の遅れも目立つようになり、授業中は教室を抜け出すことが多くなったのです。父親にこのことを報告すると、激しく暴力的にしかったので、父親への報告を控えることにしました。また、本児は徐々に教師にも反抗的な態度を示すようになったのです。

中学になると学校での着席は困難となり、校内を徘徊し、けんかをする、人のものを盗む、万引きをするなどの問題行動を繰り返すようになりました。その都度、父親はひどく本児をせっかんするのでしたが、本児の行動は悪化するばかりでした。

実態把握

知能検査を実施したところ、下位項目にばらつきはありましたが知能は正常の範囲に入っていました。CDI ※6（小児抑うつ検査）からは、うつ傾向が認められました。学習面では、算数の繰り上がりの計算の理解もできておらず、漢字の習得状況も小学２～３年生レベルでした。

指導・支援

まず、学習面・運動面での自信を持たせ、「できる自分」の実感から自己コントロール力の向上を図ることにしつつ、不安を和らげ抗うつ作用のある薬を投与したところ、イライラが少なくなりました。学習面では中学校の特別

※6 CDI=Children's Depression Inventory（小児抑うつ検査）

支援学級を勧めたのですが、本人の拒否反応が強かったため、近くの通級指導教室で専門の先生に学習を見てもらうようにしました。徐々に学習内容がわかるようになり、意欲的に勉強するようになっていきました。

運動面では学級担任が顧問をする部活動に入ることを勧めると、本児は素直に聞き入れて入部し熱心に取り組み始めました。このことにより、本児の問題行動は著しく軽減していったのです。本児の変容により、今まで厳しかった父親との関係も改善していき、それにより本児の生活が安定したものになっていきました。本児が今、置かれている状況の中で、医療機関がうまく学校と他機関をつなげながら、本児の達成感に寄り添った事例だといえます。

「できる自分」の実感…学習面・運動面

↓

問題行動軽減

↓

父親との関係改善

↓

本人の生活安定

ポイント

医療機関が学校と他機関をつなげながら
本人の達成感に寄り添った。

事例2

ADHD+ODD[※7]が見られた10歳男児

育ちの様子

小学校2年生のときに、ADHD、ODDと診断され、リタリンの投薬を受けていました。

4年生になって、友達とのトラブルで担任に注意を受けてから、先生に会うのがいやだからと学校に行くのを渋るようになり、通級指導教室の先生から紹介されて来院しました。

母親は、子どもの前で、「担任のせいで学校に行きづらくなりかわいそうだ。最近よく腹痛や頭痛を訴え、食欲もなく、すぐに泣くようになった」、「家では、学校でのストレスがたまってかわいそうなので好きなことをさせてあげている」「ストレスで夜も眠れなくて、深夜1時ごろに寝るようになった」「夜眠れないので、朝はできるだけゆっくり寝かせてあげている」「夜、ふとんの中でゲームを4～5時間してなんとか眠ろうとがんばっている」と話しました。学習は本人の自主性が大事なので無理に強要しないようにしているとのことでした。

指導・支援

担任からの叱責は単なる行き渋りのきっかけにしか過ぎず、原因ではないこと、子どもの前では教師批判をし

※7　ODD=Oppositional Defiant Disorder（反抗挑戦性障害）

ないことをまず母親に話しました。学校には、保護者対応の得意な教員に担任と保護者との関係の調整を依頼しました。

本児へは、ＣＤＩ（小児抑うつ検査）の結果からうつ傾向が見られたため、母親にはADHDの子どもへの基本的な対応の仕方を指導（ペアレント・トレーニング）し、母子関係の改善を図っていきました。睡眠については、規則正しい生活を送ることにより改善を図っていきました。また不安を軽減し前向きに取り組めるように抗うつ剤の服用も少量から始めました。

母親の本児への対応の改善が見られていくことにより、服薬の効果もあり安定した母子関係が再構築されていったのです。つまり、家庭での規則正しい生活が送れるようになったことで、勉強にも取り組め、学校への行き渋りはなくなっていったのでした。

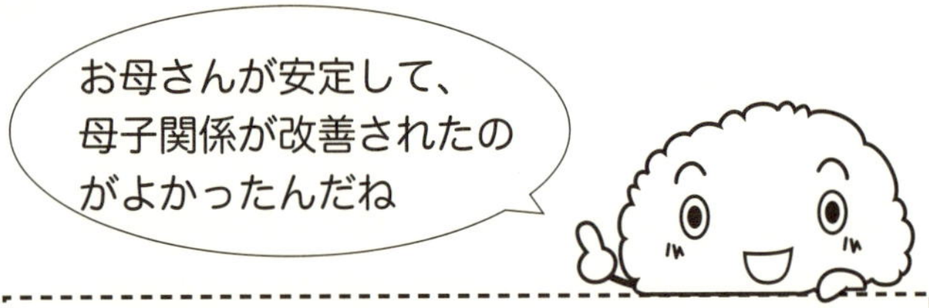
お母さんが安定して、
母子関係が改善されたの
がよかったんだね

母親へのアドバイス

・子どもの前で教師批判をしない

・ADHD の子どもへの対応の仕方指導
（ペアレント・トレーニング）

学校へのアドバイス

・保護者対応の得意な教員が調整を

↓

母子関係改善
規則正しい生活の確立

↓

行き渋り解決へ

安定した状況作りが鍵

以上の２事例から言えることは、薬物投与等から本児の安定を図ること、並行してペアレント・トレーニングを通しての親子関係の改善を図ることで、本児の家庭での生活は安定していったということです。安定した状況に置かれていくと、子どもは苦手なことに対しても取り組むようになり、できる実感からの自己肯定感が高まっていくと考えられます。事例１のように、通級指導教室や特別支援教室の活用や担任が顧問をする部活の活用など、また今の状況から、誰の支援を受けるのか、どの機関を活用するのか、柔軟な対応が求められるのです。

改めて

ペアレント・トレーニング → 親子関係改善

薬物投与 → 本人安定

↓

家庭生活安定

↓

子どもが苦手なことに
取り組めるようになる

↓

自己肯定感向上

関係性が安定すると
前を向けるように
なるんだね

二次障害の事例② ―不登校・ひきこもり―

次に、二次障害の不登校、ひきこもりについて論じていきます。今、小中学校では不登校児童生徒の数がやや減少の傾向にあるとはいえ、依然として多くの子どもたちが不登校の状況にあります。こうした不登校は、将来的には青年期の「ひきこもり」につながることもあります。

不登校のうち、発達障害のある児童生徒の場合の対応は、「どうやって学校に行かせるか」ではなく、背景に発達障害による不適応があることを考え、「どこでつまずいているのか」の視点が必要です。一人ひとりの認知特性に合った対応を考えること、一対一と集団の中での対応の違いを考慮し、保護者・家族との関係、友達関係の調整が重要です。

次は、中学生の不登校事例と高校入試に失敗し、ひきこもりになった事例を挙げ、不登校の児童生徒支援のあり方について考えていきたいと思います。

事例３
アスペルガー傾向のある 15 歳の男児

育ちの様子

歩き始めは早く、３歳児での語は多く難しい言葉をよく使っていました。しかし、保育園に入園すると、こだわりもあり友達とのトラブルも多く見られました。小学校入学後は、いつもと違うことがあると、いつもの状況でなければならないとこだわって動けなくなってしまう状況が見受けられ、３年生では学校生活に対する不安から登校を渋るようになり、学校に行ったり行かなかったりの状況でした。４年生からも同じ状況が続き、６年生になるとほとんど学校に行けなくなってしまったのです。中学校進学の際には、最初の１週間はがんばって登校し、その後は行事には参加することもありましたが、授業は全く受けられませんでした。

実態把握と支援

筆者、中学校、保護者、適応教室担当者との月１回の支援会議から、本児への支援を行っていきました。まずは、本児のもののとらえ方や考え方、人とのかかわり方、こだわりの状況についての共通理解から始めました。この時点で医学的な診断を受けていなかったので、本児の生活場面のエピソードから具体的な対応について考えていったのです。

６年生から家にひきこもった状況であったので、適応教室の担当者の家庭訪問から母親と担当者の関係を深める中で、本児と担当者がかかわる場面を作っていきました。その関係を軸に、筆者と中学校の担任が家庭訪問できる本児との関係づくりを行い、本児に「できる自分」が実感できるように学力の向上に取り組みました。小学校の教科指導ソフトを使い、算数・国語等の小学校卒業段階までの基礎学力をつけるという取り組みです。少しずつ学習への抵抗感を少なくしながら、学級担任が学校行事への参加を促していきました。体育祭、音楽会、校外学習などに、中学２年生の段階で少しずつ参加できるようになり、就労体験では本児が希望する本屋で働けました。３年生では、学校へ行くことだけを目標とするのではなく、高校進学を目指し、本児の認知特性をよく理解し対応できる塾へ通うことにしました。

塾での学習の積み上げを行いながら、学校へ行くことのできる日も増え、本児が納得した高等学校への進学につながっていったのです。本児を取り巻く周囲の人に、本児の特徴を理解する環境調整を行ったこと、本児に成功体験を多く持たせ自己有能感を持たせていったことが高校進学へとつながっていったと考えられます。

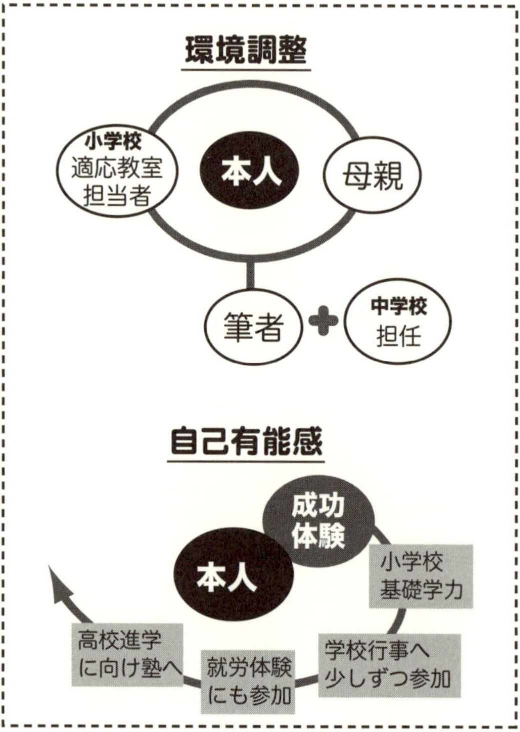

事例４

高校入試に失敗しひきこもっていった 18 歳の男性

育ちの様子

幼児の段階からこだわりや多動性が見られたのですが、３歳上の兄のほうが本児よりもっと強くこだわりなどが見られたため、家庭の中では大きな問題となりませんでした。保育園、小学校においても、友達が少なく１人でいることが多かったり、こだわりがあっても人に迷惑をかけるまでには至らなかったので、中学校生活においても何とかやっていくことができたのでした。私立高校の入試のとき、同じ中学校の友達と電車で高校まで行く予定でしたが、本児はなぜか一つ手前の駅に降りてしまい試験に遅れたのです。遅れて試験を受けたため頭が真っ白になり、何を書いてよいかわからなくなり入学試験に落ちてしまいました。公立高校の入試にも落ちてしまい、その後、家にひきこもった状態が続いていました。

実態把握と支援

本児が 18 歳のときに保護者から筆者に相談があり、筆者と保健師が対応を始めました。本児は筆者と保健師が家庭訪問をしても、母親の働きかけがあると会うことが可能でした。とは言っても、こちらが聞いたことに対してうなずきでの反応だけであり、コミュニケーションが十分とれる状況ではありませんでした。その中で、本児のひきこもっていった状況は発達障害が起因していると考え、医療受診を行いました。アスペルガー症候群の診断を受け、家族や本児を取り巻く人たちに本児の特性理解を徹底しました。精神障害者生活支援センター担当者の家庭訪問と、担当者と本児が一緒に回転ずしや銭湯に行くなどして、生活経験の幅を広げる取り組みを行いました。両親には筆者と保健師が、家庭でのかかわりや両親との関係の調整を行っていったのです。その後、生活支援センターのデイサービスに定期的に参加できるようになり、少しずつですが外の世界に触れる場面が増えていきました。

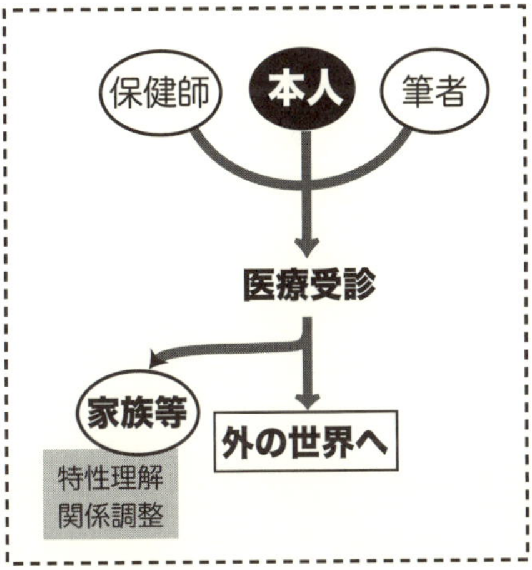
保健師
本人
筆者
医療受診
家族等
特性理解
関係調整
外の世界へ

周囲との関係を
調整しながら、外へ
出て行ったんだね

関係者に発達障害特性の共通理解と
本人に自己有能感を持たせることが鍵

事例3、4から言えることは、各事例の子どもの認知特性の共通理解とその特性に合った対応をしていくことと併せて、子どもに自己有能感を持たせることの重要性です。対応はできるだけ早いほうがよく、事例を取り巻く環境（生活場面、かかわる人など）の調整を絶えず続けていかなくてはなりません。また、わかりやすい情報の伝え方を工夫すること、社会的なスキルを教えること、成功体験を増やしほめる場面を多く持つことも大切です。

事例3は、適応教室や塾、発達障害の専門家と中学校が連携して取り組み、高校進学へとつなげていきました。事例4は、発達障害の専門家と保健師、障害福祉の担当者が連携し役割分担してひきこもりの状況を改善していきました。この2事例に見られる認知特性をうまく生活の中で生かしていくという取り組みが早期から行われていたとするならば、彼らの状況はさらに変わっていたのではないでしょうか。つまり、発達障害の早期の発見と支援体制の充実です。特別支援教育の現場での取り組みが本格化する中、関係機関がうまく連携しながら個々の事例に対応できる仕組みが求められます。

ポイント

・環境の関係調整を行う
・成功体験による自己有能感を
　持たせる

二次障害の事例③ —発達障害と虐待との関連—

次に、発達障害と虐待との関連から、発達障害児の子育てについて論じていきます。児童相談所に寄せられた虐待相談の数は、1994 年に約 2,000 件であったのが、2009 年には約 44,000 件にも増加しています。実に 20 倍以上の増加です。この虐待を受けている子どもたちの中に、多くの発達障害児が含まれているのではないかといわれています。杉山 (2007) は、子育て支援外来で診察を行った子ども虐待の症例の 40%が、広汎性発達障害と注意欠陥多動性障害であったと述べています。

子どもの虐待は、孤立家庭や低所得層などの社会的弱者に多いといわれています。また、子ども側の要因としては未熟児出生やハンディキャップの存在が、虐待のリスクを高くしているとも考えられます。ここでは、子ども側に発達障害の要因があることと、保護者が抱えている幾つかの課題とが重なり合って生じた虐待事例から、発達障害児の子育てのあり方について考えていきたいと思います。

事例５

身体的虐待とネグレクトを受けている ADHD の
10 歳の男児

育ちの様子

かんの強い子であり、小さいころから育てにくさがありました。保育園では落ち着きがなく、集団での行動が取りにくく、大好きな虫へのこだわりも強く一人でいることも多かったのです。母親は保育士から園での状態を聞く度に、強く本児をしかっていました。小学校へ入学してからも落ち着きのなさと衝動的な行動は依然として見られ、３年生になると授業中いすに座っていられず立ち歩くようになりました。裏山に虫捕りに行き、教室に戻ってこないこともありました。４年生になると朝遅れて一人で登校するようになり、教室にも入りづらくなるという状態でした。小さいころからあった夜尿は、この時期でも続いていたのですが、担任がある朝、校門で本児と出会ったとき、本児の腕にあざを見つけました。

対応

小学１年生のときから、ADHD の診断を受けリタリンを服薬していました。学校では、本児の行動上の問題に対し、取り出し指導をしていましたが、家庭での状況などについては詳しいことはわかっていませんでした。

学校と筆者、関係機関は、個別の支援会議を開き対応を検討していきました。しつけに厳しい祖父との同居でした。本児の家庭での行動（決まった時間に起きられない、すぐに服が着替えられないなど。朝の支度に時間がかかり集団登校の時間に間に合わない、やらなくてはならないことがあってもすぐに行動できないなど）のため、母親は祖父に気を使い、本児を厳しく叱責していたのです。母親は子育てに疲れ、あきらめ状態にあり、就学前から診察を受けている小児科医には、本児と一緒に死にたいと何度も訴えていたとのことでした。

本児への対応は急務であり、まず、母親へのカウンセリングを行い母子関係の改善を図っていきました。母親のしんどさについては、小児科医と連携し学校と筆者が受け止めていったのです。本児には市と連携している小児科医の受診を勧め、薬物投与と夜尿への対応を始めました。学校ではトークンエコノミー※8を使用し、本児が変えたい行動の改善に取り組んだのです。少しずつ本児の行動が安定し落ち着いて学習できるようになると、母親の気持ちも安定し本児へのかかわりにも変化が見られました。母親の本児への厳しい叱責が少なくなり、本児への否定的な思いも薄れていったのです。そして、祖父の本児へのかかわりも優しさのある対応となっていったのでした。

※8トークンエコノミー
適切な反応に対してトークン（代用貨幣）という報酬を与え、目的行動の生起頻度を高める行動療法の技法。

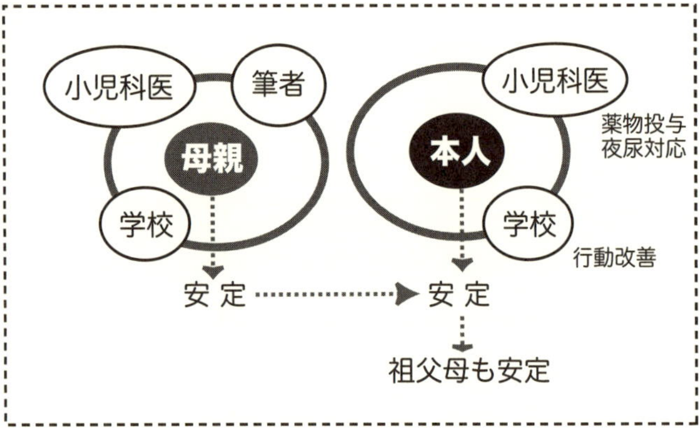
小児科医
筆者
母親
学校
安定
小児科医
本人
学校
薬物投与
夜尿対応
行動改善
安定
祖父母も安定

それぞれがサポート
されて安定したんだね

事例６

ネグレクトを受けているアスペルガー症候群の７歳の女児

育ちの様子

保育園入園時から集団参加が難しく、こだわりと落ち着きのなさが見られました。２人姉妹で、家では姉妹げんかが頻繁に見られたのでした。母親は、本児の気になる行動には閉口しており、姉を大事にする傾向がありました。小学校に入学しても、保育園での行動と同じで、落ち着きがなく動き回っていました。２年生になると、教室に入らず、保健室でふとんにくるまって動こうとしないこともあり、勉強にも全く取り組もうとはしなくなったのです。祖父母との同居でしたが母親と祖母との折り合いが悪く、母親は本児の行動にも閉口していたこともあり、本児だけ祖父母の家に預け、姉を連れて家を出て行ったのでした。本児は不安と寂しさから、母親の家に１人で歩いて会いに行きましたが、母親に玄関のドアも開けてもらえず追い返されたのでした。祖父母と３人の生活が始まり、学校では相変わらず教室には入れず、保健室や特別教室で過ごす毎日でした。

対応

本児は祖母と小児科受診をし、アスペルガー症候群の診断を受けました。本児はことばの教室に通級することになり、ソーシャルスキル・トレーニングと気持ちの安定を図る取り組みを始めました。本児の不安と寂しさを少なくするために父親と何度も話し合ったのですが、状況の改善はみられませんでした。そのため、学校長と筆者は頻繁に祖父母と面談し、本児と両親が一緒に住めるように働きかけたのですが無理でした。学校側と筆者は、祖父母と本児が安定した生活を送れるように、また楽しく学校生活を送れるように、定期的に支援会議を開催し学校での取り組みと祖父母支援の内容を話し合っていっ

たのでした。本児のことばの教室通級は学校長が送迎をすること、学習面は取り出しの個別指導を行うこと、担任と祖母との連携を密にすることなどを決めました。加えて、本児と父親が定期的に会って、一緒に食事をしたり遊んだりする時間を確保するよう父親に働きかけていきました。以上の取り組みにより、本児は少しずつ落ち着きが見られるようになり、学習にも取り組もうとしていったのでした。

事例５、６からいえる問題点には、発達障害のある子どもの育てにくさからくる母親のつらさやしんどさへの支援の不十分さが挙げられます。父親の協力や祖父母の応援、保育園・学校における保護者との信頼関係による子どもへの支援、医療機関と園・学校との連携による支援などが必要であったのに、この２事例では十分になされてこなかったのです。

筆者は、市役所、児童相談所、保健所など多くの機関が連携して子どもを守るシステムを作り、虐待を受けている子どもの支援に当たってきました。この２事例に対しても、多くの関係機関との連携が、子どもを守り親を支えたと言えます。つまり、さまざまな家庭状況の中、子育ての難しい子どもとそのことに十分対応できない母親、父親に対して、行政等が育児情報を提供し、地域とつなぐことにより、家族の孤立化を防ぎ、養育環境を把握することが必要なのです。また、子育てサークルなど母親同士の力を引き出し、互いに支え合える仕組みが必要です。

【参考文献】
杉山登志郎『子ども虐待という第四の発達障害』学研刊、2007年
朝日新聞大阪本社編集局『ルポ　児童虐待』朝日新聞出版刊、2008年

発達障害と地域支援

今度は、思春期・青年期の発達障害をめぐる社会生活支援を、地域支援のあり方と関連させながら論じていきます。発達障害のある人へのかかわりにおいて、２つの重要なポイントがあると考えます。まず１点目は、我が子が発達障害であると指摘されてから、子どもの障害を親はどう認め、理解していくかです。親の障害理解が進んでいかないと、子どもの抱えるコミュニケーションや人との関係の難しさに対する支援がスムーズに進んでいかないのです。２点目のポイントは、本人自身が自分の障害をどうとらえ、自己実現していくかです。発達障害のある人がさまざまな体験をしていく中で、自己肯定感を持てるかどうかまわりの人から認められた経験を持てるかどうかが、自己実現において大きく影響を及ぼすと考えます。

私たちは、発達障害を早期に発見され支援を受けてきた人や、思春期や青年期になって初めて発達障害に気づいた人など、さまざまなタイプの発達障害のある人に対応しなくてはなりません。ここでは、早期に発達障害がわかって対応してきた高機能自閉症の女性の事例の課題とその対応から、発達障害と地域支援のあり方を考えていきたいと思います。

事例9

大学を休学し、就労に向けた取り組みを始めた高機能自閉症の女性　18歳

育ちの様子

幼稚園の入園時から、こだわりと落ち着きのなさが目立っていました。一人でいることが多く、集団活動はほとんどできませんでした。小学校へ入学してからも、こだわりと落ち着きのなさはあり、集団生活がスムーズにできない状態が続きました。

その時点から、筆者の個別相談とソーシャルスキル・トレーニング教室に参加するようになりました。徐々に落ち着きが出てくるようになり、集団参加も可能になっていきました。しかし、思い込みが強くこだわりもあり、人との関係は難しく友達を作ったり、小集団で活動したりすることの困難さが続きました。

中学校でも、友達関係などでつらいことも多くあったのですが、希望する高校に入学できました。しかし、高校では部活での友達関係や、本人が望むような学習理解が進んでいかないこともあり、不安傾向が強くなり落ち込んでいったのです。そのため、小児科を受診し投薬が始まり、本人の物の見方、とらえ方、今の時点での困難さを説明するうえで、医師から高機能自閉症であることが伝えられました。大学進学に際しては、模擬テストの

偏差値結果と希望する大学の偏差値との差が大きかったのですが、希望校にこだわり、なかなか折り合いがつけられませんでした。最終的には納得し、一番ではないが希望する大学に入学したのですが、授業や定期テストへの不安が大きくなり大学に行けなくなってしまいました。

対応

本人の対応の難しさもあったのですが、母親の不安感が大きく、筆者は母親対応を中心に行っていきました。本人へは個別対応と集団対応を絡ませながら進めてきました。何とか、小中学校、高等学校と乗り越えてきましたが、本人の不安感の強さから大学へ行けなくなってしまいました。大学も院生のサポーターをつけるなどの対応をしたのですが、本人の不安を取り除くまでには至らなかったのです。

母親の不安もより一層強まり、それにより家の中も厳しい状況となっていきました。そのため、地域の発達障害者支援センターを活用することになり、母親へのカウンセリングなどはセンターの臨床心理士が、本人には小児科医と病院の特別支援教育士、発達障害児などが通う学習支援教室の担当者が対応することになりました。それぞれがバラバラに対応するのではなく、互いに情報交換しながら連携して取り組むのです。

センターは母親に対し、不安に対するカウンセリングと本人が精神障害者福祉手帳を取得するように勧めること、小児科医は、もう一度本人に対して、自分の障害と向かい合うために診断についての説明を行うことと投薬を行い、学習支援教室では、手帳取得による福祉・就労サービスのトライアル雇用※9を活用し、本人に対し教室スタッフの補助という就労支援の場を提供することとしたのです。

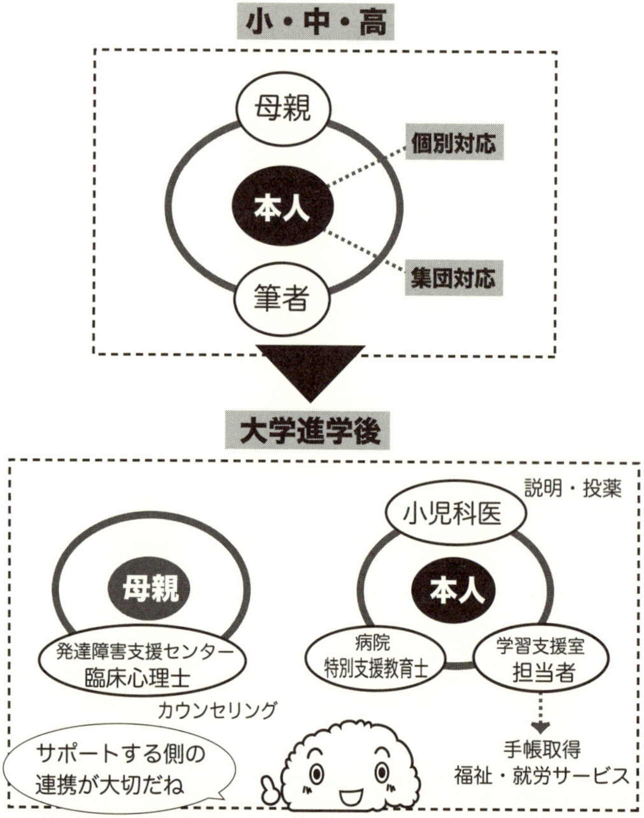

※9トライアル雇用　公共職業安定所(ハローワーク)の紹介によって特定の労働者を短期間（最大3か月)の試用期間　を設けて雇用し、企業側と労働者側が相互に適性を判断した後、両者が合意すれば本採用が決まるという制度。

発達障害者への地域支援

事例のように、本人の生育歴と対応を踏まえながらの、今の時点での支援は１つの機関だけでは到底できないことです。こうした場合、さまざまな機関が連携しながら取り組むことになりますが、多くの場合１つひとつの事例を誰が中心になって支援していくのかのシステム化が、地方自治体においてできていないのが現状です。

特別支援教育の推進により、小中学校の義務教育段階では特別支援教育コーディネーターを中心に各機関が連携しての支援はできてきています。高等学校はここ数年、特別支援教育が進んできてはいますが、小中学校に比べるとまだまだのように思いますし、事例のような大学生においては、支援ができていない地域が多いと予想されます。

現段階でできることは、47都道府県と政令指定都市に設置されている発達障害者支援センターを活用して、地域支援を行っていくことです。ただ、センターは就学前から就労期まで対応しますから、相談件数が多くすべての発達障害に対応しきれていないのも現状です。そのため、知的・身体・精神障害の生活支援センターや就労支援センターと発達障害者支援センターがうまく連携して、教育と医療、就労とをつなぐ支援システムが必要なのです。

ポイント

・知的・身体・精神障害の生活支援センターや、就労支援センターと発達障害者支援センターがうまく連携していくこと

本事例は、小児科医と学習支援室担当者が中心となり、地域の機関をつなげて支援を行ったケースです。不安傾向が強く投薬をされている場合、医療とほかの機関をうまくつなげられるのは市町村の保健師になります。そう考えると、市町村ごとに相談窓口を明確にする必要があります。なぜなら、保育園、幼稚園、小中学校の場合は市に相談しやすいのですが、高等学校や大学となると、学校と市との関係がないため保護者からするとどこに相談にいくのかがわからないのです。

筆者が勤務していた地域はこうした連携が構築されており、これがどの自治体でも行われるのなら、誰もが安心して暮らせるのですが、そのような状況ではないのが実情です。今後は、各自治体における相談窓口の設置と各機関が連携した支援が受けられるためのコーディネート機能を持った機関、あるいは専門家の配置が望まれます。この専門家は、各自治体の保健師が行うことにすれば、今でも、どの地域でもすぐに対応できるのではないかと考えます。

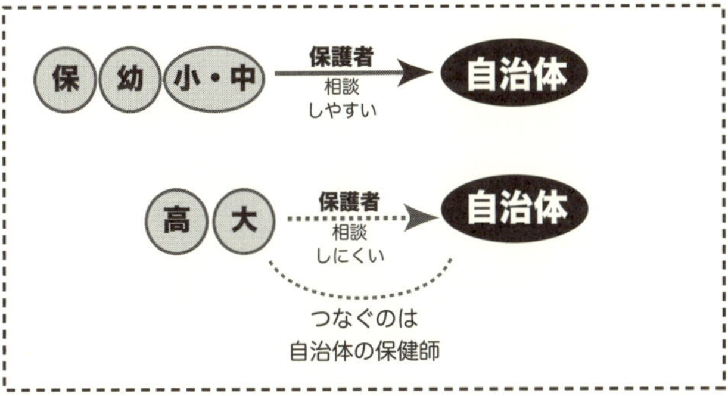

次に重要なのが、連携機関としての医療の存在です。特に小児科医と精神科医との連携です。小児科医が診ていた18歳の発達障害青年を、精神科医につなげていくような事例では、支援の輪の中での連携であるが故に、医師同士の連携だけではなくほかの機関も巻き込んでどのような形で引き継いでいくのかも今後の課題だといえます。

発達障害のある人が義務教育終了後も一人の人間として健康に生活していくためには、学校における特別支援教育の充実と母親などへの相談の充実、支援機関の連携などのシステム化から、発達障害者への地域支援が行われていくことが重要であると考えます。

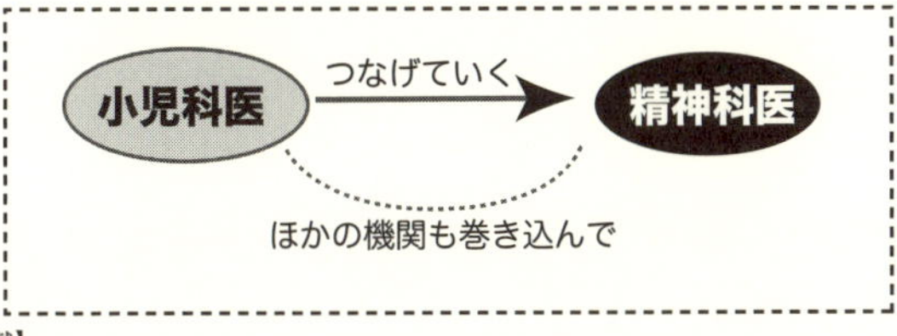

【参考文献】
石崎朝世、藤井茂樹 『発達障害　はじめの一歩』少年写真新聞社刊、2008年

発達障害と就労

ここでは、発達障害をめぐる就労についてを、地域支援のあり方と関連させながら論じていきます。全国LD親の会は会員調査（2005）において、LDなどの発達障害のある人が、「学校を卒業し、仕事に就き、働き続ける」ためには、通常の教育のレールに乗っていただけでは、スムーズな移行は難しい状況にあると指摘しています。それは、特別支援学校の高等部などに比べ、通常の教育では一人ひとりの適性・ニーズに合わせた進路の指導や提案が十分になされていない結果と考えられます。この調査結果では、学校を出てすぐに一般就労した人は29％、障害枠での一般就労26％、パートが4％であり、このような形で働いている人は59％にとどまっている状況です。発達障害のある人の就労の難しさを示しているといえます。

ここでは、大学卒業後、就職したがうまくいかず、多くの関係機関が連携して転職できた高機能自閉症の青年の事例から、発達障害と就労との関連と地域支援のあり方を考えていきたいと思います。

事例 10

福祉系大学を卒業し、福祉施設に就職したが適応できず転職したＬＤのある高機能自閉症の青年　24 歳　男性

育ちの様子

小学生のときから文章理解と算数の図形問題等に困難さを持っていました。運動面では不器用さもあり、サッカーやバスケットボールなどは苦手でした。友達も限られており、本人の興味の対象はもっぱらプラモデルでした。中学校では卓球部に入り、休まず続けることができました。学校でのスキー教室などでは、リフトが近づく前に座ろうとしたり、リフトからタイミングよく降りられずそのまま下まで行ってしまったり、といったエピソードは時折ありました。高校においても卓球部に入り、楽しく部活を中心とした高校生活を送ることができました。高校が福祉科であったので、大学も福祉系に進学しました。高校での老人施設実習や障害者施設実習は、実習期間が短かったこともあり、なんとか無事に実習を終えることができたのです。大学での実習も同様でした。大学で社会福祉士の資格を取り、老人施設に就職しましたが、学生の時の実習とは違い、職場の人間関係や仕事の段取りなど、本人にとっては難しい場面が多く起こりました。入所者のお年寄りの名前が覚えられなかったり、記録を書くときに名前と顔が一致しなかったりするため、

間違って書いてしまうことが何度かありました。お年寄りの表情を読み取るなど、相手の気持ちを考えながらコミュニケーションすることの困難さがあり、仕事を続けることができなくなって辞めることにしたのです。その後、本人はハローワークに何度も行きましたが、就職先が見つからない状況でした。

対応

小学校からかかわってきた筆者が、本人と面談を行うことから始めました。職場での不適応状況を振り返り、なぜできないのか、できるようにするためにはどのようなことが必要であったかなど一緒に考えていったのです。このとき、彼自身が自分の障害をどうとらえるかという問題がありました。自分の中にできることとできないことがあり、その差が大きいこと、また、人とのコミュニケーションの難しさから来る職場での不適応状況はよく自覚していました。しかし、自分でどう解決していくかまでには至らなかったのです。

この時点で、福祉関係者の協力を得て個別のサービス調整会議を開き、本人の就労に向けた支援が始まりました。福祉関係者は、彼が今まで診断を受けていなかったので、医療受診を勧めたのです。彼は高機能自閉症と診断され、障害者職業訓練を短期間受けることになりました（このように、成人後に診断を受けて判明するケースも増えています)。彼は、まわりの支援者からの働きかけを素直に受け止め、就職に向けて取り組んでいったのでした。数か月間の職業訓練も終わり、現在、非正規社員として製造業の仕事に就いています。これはうまく就職につながっていった事例ですが、彼自身が自分の障害にどう向かい合うかの相談を福祉関係者が行わなかったため、筆者が彼と何度か話し合いました。大学を卒業してからの診断であり、そのことが彼自身の今後の生き方の中でどのような影響を及ぼすかを両親と筆者が彼とともに考えていったからこそ、新しい職場での適応が続いているのだと考えられます。

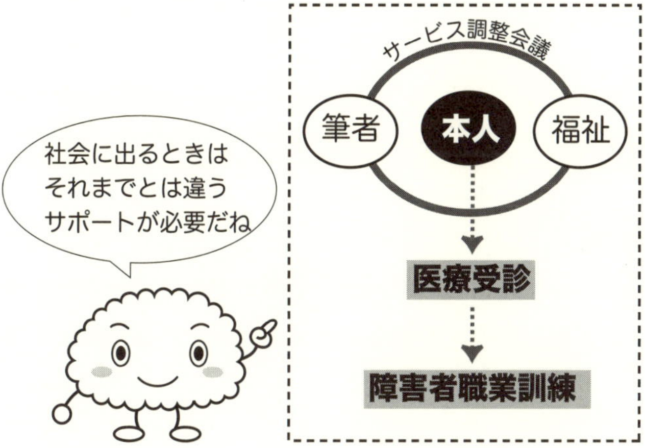

就労と地域支援

2005年の全国LD親の会・会員調査（p.78参照）は、就職する際や、職場で困ったときの相談相手のトップは「家族」であり、家族だけで問題を抱えているケースが多いことを示しています。彼らが職場で嫌な思いをしたこととしては、「同じことを何度も聞くと怒られる」「仕事が遅いので怒られる」などを挙げ、職場でよく注意されることは「仕事のミス」「仕事が遅い」「段取りが悪い」「いちいち指示しないとできない」「不器用」などを挙げていました。

ここで言えることは、発達障害もほかの障害についても、職場の人の障害に対する理解と、その能力と適正に応じた職場への配置など働きやすい環境の重要性です。こうした環境が、彼らの能力をより発揮することを可能にするといえます。この取り組みこそが、誰もが働きやすい職場環境につながるのです。

たとえば、本人支援と職場の人の理解啓発の１つの方策として、ジョブコーチによる支援があります。この支援は、障害がある人が円滑に職場に適応できるよう、企業に出向いて障害のある人と企業の双方に支援を行います。具体的には、障害のある人に対して、仕事に適応する（作業能率を上げる、作業のミスを減らす）ための支援、人間関係や職場でのコミュニケーションを改善するための支援を行います。事業主に対しては、障害を適切に理解し配慮するための助言や仕事の内容及び指導方法を改善するための具体的な方法などの、雇用管理のノウハウを提供します。

初めは集中的に支援を行い、徐々に支援の頻度を減らし、支援の中心をジョブコーチから職場のキーパーソンに移していくことがポイントになります。この支援は知的・身体・精神の３障害だけでなく、発達障害も対象となっているので、その活用が今後広がっていくことが望まれます。ただ、発達障害のある人の状況がさまざまであり、それぞれのニーズに応じていくことの難しさがあるのが現状です。また、前述したトライアル雇用などの活用も行いながら、個々の事例のサービス調整会議を各市町村ごとに開催し対応できるシステムが充実していくことが重要です。

発達障害のある本人への対応としては、自分の障害の理解とその障害を受け止めてどう生きていくかのサポートになります。それをだれが、どの時期に、どのような形で行っていくかなどを、ライフステージを通して相談できる支援システムの構築が求められます。今後、新たに障害者自立支援法に代わる法律ができると聞いています。その中に、発達障害のある人へのきめ細やかな支援がライフステージを通して実施されていくことを切に願います。

ポイント

・職場の人の障害に対する理解促進
・本人の能力と適性に応じた配置

第3章

サポートでいかす

ちょっと変わった人を疎外するのは、長い目でみたら損かも。
お互いにいかし合えたら win-win な関係になれるかもしれませんよ。

発達障害って障害なの？

第１章で、みなさんはどれに該当しましたか？「私はアスペルガーっぽいのか？」と思った方も、「ぼくってADHDなのか？」と思った方も、大丈夫です。大部分の発達障害は個性の範疇《ちゅう》に入り、障害には当たらないと考えられるからです。

だいたい20年、30年前、またそれよりもずっと前に子ども時代を過ごしたみなさんは、発達障害の話を聞いても、「こんな子、昔は普通にいた」「別に障害じゃなかった」「変わってるなとは思ったけど、友人の１人だった」という感じではないでしょうか。その通りです。昔は、少々変わった子も一緒に巻き込んでやっていける懐の深さが、学校にも地域社会にもあったと思います。

発達障害の子どもが増えているのかどうかについては、諸説ありますが、今はそういう子たちを「特別な支援が必要な子」として位置づけなければ、対応できなくなっている、というのが現実ではないでしょうか。というのも、子どもたちは、まわりと同じであろうとするプレッシャー（ピア・プレッシャー）に常にさらされていて、少しでも違うものをはじき出そうとします（いじめですね）。許容できる自分との違いが、限りなく小さくなってきているのです。それは子どもたちの問題というよりも、むしろ、大人社会の反映といえるでしょう。

現代は、ケータイやインターネットなどのコミュニケーション・ツールが発達して、今、目の前にいない人と（地球の裏側にいる人とでも）すぐにつながることのできる時代です。

しかし、人間はある便利さを手に入れると、ほかの機能が退化していく側面もあると考えられます（ケータイが普及したら、昔は覚えていた人の電話番号を記憶できなくなりましたよね）。地球の裏側にいる人とはつながることができるのに、目の前にいる人とはつながれない（つながろうとしない）。「人とつながろう」、「面倒でも近くにいる人と折り合いをつけながら一緒に生きていこう」、という思いが弱くなっている時代と言えるかもしれません。

このまま、自分と付き合いやすい人とだけつながる人が増えたらどうなるのでしょうか？ めぐりめぐって、いつか自分も閉め出されるかもしれません。

コツをつかまなければ付き合いづらい発達障害の人とつきあいながら生きること、それは多くの忍耐と努力を必要とします。本人も大変ですが、まわりも大変です。しかし、現代社会の希薄な人間関係を変えていくスタートにできると考えます。

どこからが障害？

自閉症も発達障害の一つですが、自閉症スペクトラムという概念があります。自閉症の特徴である①社会性の障害②コミュニケーションの障害③想像力の障害④興味の限局とこだわりや反復的行動といった特徴が、自閉症の人にはさまざまな程度で見ることができるというものです。定型発達（いわゆる健常者）に近い自閉症もあれば、とことん自閉症の人もいると…。

そう考えるとき、たくさんの人がスペクトラムのどこかに属していると考えることもできるのではないでしょうか。濃い人もいれば、薄い人もいる。どこからが障害でどこからが障害でないのか、それを決めるのはまわりにいる人かもしれません。本人とのコミュニケーションに問題を感じる時は「障害」と呼び、かなり変わっていても問題を感じなければ「障害」にはならない。

そこで大切なことは、いかに本人の立ち位置に近づくかということではないでしょうか。コミュニケーションに難を抱える人、空気の読めない人に、「こちらの立ち位置まで来なさい」というのは酷な話です。こちらがその立ち位置に行って、本人が理解しやすいように話してあげればどうでしょう？ 障害の度合いはうんと小さくなるかもしれませんね。

人にはいろいろな差異があります。もともとコミュニケーション能力に優れている人は、それを自分のためだけにいかすのではなく、コミュニケーションが不得意で損ばかりしているような人のためにいかしてあげてもらえればと思います。

得意だといっても、人と人とをつなげることは、時に多くの苦労を伴います。しかし、つなげてあげれば人は「いかされる」ものです。人は人に親切にしてもらったり、それを目にしたりすると、それだけでもうれしくなって、誰かにそれを伝えたり、恩返ししたりしたくなるものです。このハッピーな連鎖を自分から始める人が多くなれば、誰にとっても生きやすい社会になるのではないかと思います。

昔は少々変わっていてもあんまり気にしませんでしたね。

多様性がある方が強い

最近、温暖化の影響か、急に大雨になることがありますね。そして地滑りや崖崩れなどの災害も増えているようです。山の斜面がえぐり取られたように表面が流れてしまっているのを、テレビで見たことがありませんか？

戦後、建築用の木材としてスギが大量に植林されました。山に同じ木が整然と並んでいる姿は美しいものです。しかし、この同じ種類の木の林というのは意外に弱いものらしいのです。同じ木が同じように根を張るので、大雨によって流されるタイミングも同じなのでしょう。それに対して、雑木林は強いそうです。常緑樹や落葉樹、針葉樹に広葉樹、低木に高木、様々な草花が地面を覆います。そうした林は集まる動物も多様性に富んでいます。何かの病気が流行っても、種類が豊富なので全滅することはありません。しかし、植林のスギ林では、ダメになる時も一気です。

ここから読み取れることは、「多様性のある」方が強いということです。学校でも会社でも、平均的な人ばかりであれば、大失敗をすることもなく安全に思えるかもしれません。しかし、何か問題が起きたときに、似たような思考回路の持ち主ばかりでは、似たような対応策しか出てこないでしょう。また、何か新しいことを生み出すにも、アイデアはなかなか生まれないでしょう。

しかし、ここに「なんだコイツ？」という異質な人が含まれていれば、何か思いがけないことが起きる可能性が生まれてきます。違う風が入ると、平均的な人たちもいろいろ刺激を受けることができます。一緒にやっていくには、いろんな食い違いがあって面倒くさいこともあるでしょう。でも、多様性がある方が可能性も生まれます。

そういう意味では、発達障害の人たちは普通とかなり違うので、いろいろな起爆剤になってくれる可能性があります。コミュニケーションには手間がかかって面倒くさくても、思いがけない新しい何かを創造できるかもしれません。面倒くささを乗り越えて共生することは、後に大きな可能性をもたらすこともあるのです。

いろいろ組み合わせた方が強い

組織をまとめるリーダーには苦労がつきものです。組織を管理する上では似たような人ばかりの方がやりやすいでしょう。しかし、似たもの同士が集まった組織が強いかどうかは別物です。

日本には各地に城や城跡があり、そこでは石で組み上げた城壁や石垣を見ることができますね。この石垣も、同じ大きさや形の石を整然と組み合わせただけだと、地震でも起きた場合には一気に崩れてしまうでしょう。

各地で見られる石垣は、さまざまな大きさの石が組み合わせられています。また表面は同じような大きさの石で統一されているときでも、その裏側には排水をよくするためなどの目的で、砂利や小さな石が詰まっているそうです。さまざまな石を組み合わせることによって、絶妙なバランスができ、崩れにくく、耐久性のあるものができるようです。確かに、城は無くても、石垣だけ残っているところも多いですよね。

現代の高速道路建築の際にも、コンクリートブロックよりも強度に勝るということで、こうした工法が用いられているところもあるようです。

石垣に見られるように、組織においてさまざまな個性を持つタイプの違う人間がいろいろいた方が、実は強い組織にできる可能性があります。

しかし、そのためには、それを束ねる人間のキャパシティーが大きくなっていかなければなりません。これからの時代を生き抜く強い組織を作るには、さまざまな人間を受け止められる大きさ、これが組織（家庭であれ、会社であれ、地域であれ）を率いるリーダーには求められるのではないでしょうか。

「なんだこいつ？」というときには？

誰にとっても、人間関係は生きて行くうえで常に課題でしょう。人は自分と近い人間に親近感を覚え、そういう人と一緒にいたい、そうじゃない人間とは距離を置いておきたい、と思うものです。

しかし、そんな人ばかりでないのが世の常です（お互い様ですね）。仲の良い友達とちょっと意見が違っただけでも「もう付き合えないかも」と思ったりするのに、そんな次元ではない「なんなんだこいつ？」というような独特のコミュニケーションをする人と出会ったら、基本的に拒絶モードに入ってしまうかもしれません。「変なヤツ」というレッテルをはって、みんなで近づかないようにするとか…。

でも、考えてみてください。この世には、脳がかなり個性的で、空気が読めない人が結構な人数、存在するかもしれないということを。発達障害の人たちに共通していえるのは、多くの場合「悪気がない」ということです。いやがらせをしようとして、妙な行動をとっているのではありません。単に相手の気持ちを読み取ることが不得意なのです。

「こんなことをするなんて、いやがらせだ」とあなたが感じるかもしれないことを、本人はなんの悪気もなくやっているのだとしたら。そしてむっとされてもその意味が飲み込めない人がいるとしたら。そうしたら、腹を立てること自体が無意味だと思いませんか？ あなたが腹を立てて、それに気がついて相手が変わるのであれば、腹を立てることにも意味があります。しかし、それができないのであれば、そんな調子でやっていてもらちがあきません。

「じゃあ、どうすればいいの？」かといえば、付き合い方を変えることです。できないことを相手に求めないことです。そしてできることを存分にやってもらうのです。空気が読めないからといって、悪い人間ではないのです。いや、むしろ、彼らはいい人である場合が多いかも。人にいやがらせを言うための思考回路は持っていないのですから。

放っておいたら始まらない

何か変だと思ったが
様子を見ていた。

まわりとトラブルが
起き始めた。

いい人との出会いがスタート

何か変だと思ったので
友人に相談した。

その人がよい相談先を
紹介してくれた。

仲間外れにされたり、
いじめにあったりした。

本人が精神的に病んで
しまった。

でも、いつからでも
始められるから
大丈夫。

その子に合ったやり方
で教えることができた。

将来の方向性が見えて
きた。

放っておいたら始まらない

自分の子どもに「障害」があると認めるのはつらいことです。「どうもうちの子はふつうと違うかも…」と思いつつ、３歳児健診などで「それくらいの遅れは個人差のうちです。当分様子を見ましょう」と言われて一安心。しかし、相変わらずの変わりっぷりを毎日目にしているお母さん。

「早期発見」「早期対応」と言われても、認めたくない気持ちを納得させるのは並大抵ではありません。

しかし、子どもはいつまでも子どもではありません。いつかは成人し、自分で自分の生活を成り立たせていかなくてはならなくなります。発達障害に限らず、どんな子どもでも、その子なりに成長して、その子なりの自立をしていくことが、本人にとっても、まわりにとっても大切です。

見守っていれば変わっていく（成長していく）ことは、あれこれ口出ししないことも大切ですが、「これは何かサポートが必要ではないかな？」と思ったら、できる範囲で何かをスタートさせることも大切です。始めなければ何も始まりませんが、始めれば何かが動き始めます。

いつからだって、「遅すぎる」ことはありません。いつでも「思い立ったが吉日」なのです。

これならできるサポートポイント

・子どもをよく観る
・子どもの話をしっかり聞く
・子どもの行動の意味を理解する
・子どもとのやりとりを大切にしたかかわりをする

出会いでかわる、いかされる人生

だからと言って、「早期発見」され「早期対応」されてさえいれば大丈夫、とも言いきれないのです。センスのない人に出会ってしまったら、せっかくのサポートも何にもならないかもしれません。知識は豊富でも、それを現実につなげられなければ何にもなりません。

アドバイスに従って、ある療育機関に子どもを通わせたお母さん。数か月の療育の成果（子どもが作業をしている）を専門家たちは満足そうに見ていたそうですが、お母さんは、「あの子のあの顔！！　まじめにやっていないわ！　あの先生たちは何を見ているのかしら？」と思ったとか。

人を育てるのは「知識」だけではダメです。その子の呼吸を感じ、どのタイミングで伝えれば伝わるのか、一人ひとりの子どもとの関係性の中、試行錯誤の中でそれをつかみ取っていける人が、センスのある人です。そういう人に出会えるかどうかがポイントです。

とは言っても、そんな人ばかりではないわけですが。それでも人は育つので、希望はあります。子どもだけでなく、親だって、教育者だって、専門家だって、みんな育っていくのです。

こんな人にサポートしてもらいたい

・自分のことより人のことから考えられる
・人への気遣いができる
・いつも笑顔を絶やさず、和やかに人とかかわれる
・困難に立ち向かう姿勢のある人

いなければ
育てましょう

コミュニケーションはダメでも得意分野を極める道も…

ほめて伸ばそう

発達障害の子どもたちは（大人たちも）、その空気の読めなさで、日本の社会ではまず評価が低くなってしまいます。コミュニケーションは不得意でも、自分がなんだか嫌がられているとか、自分はなんだか嫌われている、ということは、だんだんわかってきます。

でも彼らにはどうすればよいかがわかりません。親も、ふつうの子どもを見る尺度を自分の子どもに当てはめれば、やりきれない思いになって、「なんでこんな当たり前のことがわからないのよ！」と怒りをぶつけることもあるでしょう。そこにはなんの利益もありません。お互いに消耗し疲弊していくだけです。

しかし、「この子はこういうことは苦手だ。だけど、この子の得意分野を伸ばしてあげよう」と、苦手なことと得意なことを明確に意識していけば、前向きになれる場面も出てくることでしょう。

ほめられていやな気分になる人はあまりいません。これは、発達障害の人だけに限りません。どんな人だって「あなたのそういうところいいね」と言われると、それを意識し始めて、それを伸ばしたり、力を発揮したりしたくなるものです（教師だってそうです）。そこでまたほめられたりすると、またさらに磨く、という良い流れができます。ほめることは最高の戦略なのです。

ほめて伸ばすポイント

- 笑顔で関わる
- タイミングよくほめる
- 少しトーンを上げて声かけをする
- ありがとうという言葉をどんどん使う

優しさが必要

発達障害の人のサポートをするためには、「優しさ」が必要です。人に優しくなるためには、自分を大切にしてもらう必要があります。というよりも、自分を大切にしてもらっている人は、人にも優しくなれるものです。

そう思えば、どうでもいい小さなこと（自分の並んだレジの列が遅いとか）で怒っている人などは、優しくしてもらっていないのかもしれませんね。そういう人に「優しくなって」というのは難しいかもしれません。

でも、優しい気持ちは巡り巡って自分に戻ってきます。人に優しくすれば、自分も優しい気持ちになる。人に冷たくすれば、自分も冷たい気持ちになる。不思議ですがそういうものではないでしょうか。

自分は大切にしてもらっていないのに、人に優しくするのは勇気のいることです。でも、始めれば始まります。自分から優しい気持ちをスタートできる人は、自分のまわりに優しい空気を作り上げることができるでしょう。

「私は大切にしてもらってない！」という人も人に優しくすることから始めませんか？

人に優しくなるために、自分に優しくなるポイント

・自分の心の声をきこう

―思い通りにいかないときも、せめて自分が本心ではどう思っているかをわかってあげよう

・自分に「好き」と言ってあげよう

―口から出まかせでも、言葉にはパワーがあります。心の中でつぶやくだけでも自分が喜びますよ。

発達障害はチャンス？

発達障害の人と付き合うには根気が必要です。ビジネスライクにすぱっと終われません。思いがけないことに時間がかかったりします。この「時間がかかる」ということが、現代では忌み嫌われることの一つでしょう。

インターネットで調べれば、多くのことがすぐに（知識としては）わかります。だから、目の前にいる人に聞けばいいことも、その人に聞かずにインターネットで聞く…。汗水たらして働かずに、パソコンの前で、お金をもうける人たちが、今や世界の経済を動かしています。時間をかけずに最小の手間で最大限の利益を上げる生き方。面倒くさいものをそぎ落としながら行くスマートな生き方、というと極端かもしれませんが、現代社会にはそうした一面があります。

発達障害の人と付き合うということは、この生き方と対極にあると言えるのではないでしょうか。何がうれしいのか、何が嫌なのか、どうすればできるのか、一人ひとり、一つひとつ丁寧に答えを見つけていく。気の遠くなるような作業です。しかし、そこで見つけたものは、泡のように消えたりはしません。そういう人と付き合う中で鍛えられた人格は、あらゆる人を包んでいける大きさを兼ね備えていくことでしょう。

お金の豊かさという次元より、はるかに上の心の次元で豊かになっていく、最高の訓練の場所かもしれません。

発達障害の人と付き合うと鍛えられること

- 寛容さ
- がまん強さ
- じっくり見る、考える
- 相手に合わせる
- 当たり前のことを振り返ることができる
- 共感することができる
- 行間を読むことができる

「見逃して」あげてもらえませんか？

「優しくなってくれ」とか「発達障害の人と付き合うと鍛えられる」とかいろいろ言ってきましたが、「そんな面倒なことやってられないわ！」という方に。

見守ってもらえなくて結構ですから、「見逃して」あげてもらえませんか？

彼らはコミュニケーションが独特だったり、思いがけないことにこだわったり、パニックを起こしたりします。

それを「優しく見守って」とは言いません。ただ、いちいち目くじらを立てないで「また、あんなこと言ってるよ～」と思いながら、スルーしてあげてほしいのです。

いいところもあるので、そのあたりをほほえましく見ていてもらえればありがたいです。

第4章

海外における発達障害の対応

藤堂高直さんは、中学からイギリスに行って、そこでディクレシア※であることがわかりました。イギリスでは発達障害はどのようにケアされているのか、現在は建築デザイナーとして活躍する藤堂さんのレポートで紹介します。

※ディスレクシア　読み書きに困難がある状態のこと。日本ではLD（学習障害）の一種とされているが、イギリスではディスレクシアとLDは通常分けて考えられる。

イギリスにおけるディスレクシア（前ページ参照）の現状とサポートについて、実際に私が英国にて学んできた過程やそれまでの工夫を通じて知っていただければと思います。また、知っていただきたいのは、これまでの私の境遇はさまざまな幸運と多くの人の好意のお陰で開けた道だと思っています。英国にいたとしても教育を受けた場所が違っていたらディスレクシアが認識されなかったかもしれないし、特別なサポートを受けられなかったかもしれません。実際にそういう可能性もありました。その中で私にとって適正な環境で学ぶことができ、英国におけるディスレクシアサポート教育の良い側面に触れることができました。現在の日本の特別支援教育は、私が子どものころよりも充実したものになってきていると思います。私の英国において経験してきたサポートを通じて日本の教育の内容の充実と発展のヒントになればよいと思います。

○日本での成長

幼少のころより自分はほかの人とどこか違うのではないかという思いをずっと抱いていました。ただ、私自身は一体何がほかの人と違っているのか漠然としていたので、長い間深い霧の中をさまよっているような、とても不安定な心地でいました。そんな漠然とした生活の中で私がかすかに理解していたのは、「私は何か面白いモノを持っているに違いない」「ほかの人は私と同じような努力で結果を出すことができるのに、自分はいくら努力をしてもほかの人のようにうまく結果を出すことができない」ということでした。

私は日本で、幼稚園、小学校、中学校と教育を受けてきました。小学校の低学年までは特に大きな苦労もなく学校に通っていたように思います。それも、私のいた学級が、今考えるとダイバーシティー（多様性）の幕の内弁当のような場所で、ほかにもたくさんそれらしき同級生がいたということがあり、もう一つには先生がとても子どものことが好きで学級をとてもうまくまとめていたからだと思います。

しかし、私自身大変さがなかったというわけではありませんでした。忘れ物が多い、左右がわからない、漢字が覚えられない、九九が覚えられない、小さな計算ミスをたくさん犯すなどの大変さはそのころからありました。曜日ごとに学校に持ってくる教材が変わるのに合わせて学校へ行く準備をするのがその当時の私にとってはとても大変でした。そのため、ランドセルの代わりに容量の大きいリュックサックを背負って、全教科の教材を担いで学校に行くことで忘れ物の大変さを自分なりに工夫をして軽減していました。私自身、何が原因で大変なのかはわかりませんでしたが、自分なりに工夫をして自分の大変さをその当時から軽減していたように思います。

もう１つ小学校のころの話で私にとって幸運だったことは、『天才たちは学校がきらいだった』（トマス・Ｇ・ウェスト著　久志本克己訳　講談社刊）という本にふとしたきっかけで巡り合ったことです。３歳まで言葉が出なかったり、モノを作り始めるとすごい集中力を発揮したりするということや、こだわりが強いといった私の特徴に母が気づき、もしかしたらこの子は何かあるのかもしれないと思いこの本を買ったそうです。その後、母はこの本のことを忘れてしまっていましたが、私はこの本

を読んで、その中に彼らはディスレクシアだったということが書いてあったことが心の中に残りました。そのお陰で小学校高学年、中学校と進むにつれて勉強の難易度も上がっていき、私自身が勉強について行きにくくなり始めると、頭の片隅で「私はきっとディスレクシアなのだ」と考えるようになりました。

小学校の高学年から中学校にかけては教員の理解がなくとても大変な時期だったと思います。中学校は全寮制で規律の厳しい学校でした。持ち込めるものが限定されていたので逆に苦労をしたときは自分自身で工夫をするという癖を持つようになりました。また、その学校が英国との交流関係を持っており、中学２年生のころ、学校が企画した２週間の英国滞在に参加して英国の空気に触れ、また同じ年に校内の英語のスピーチコンテストで優勝した関係もあり、自分にとって英国が近い存在に感じることができました。しかし、現実の学校生活は決して明るいものではなく、いくつか自分の興味のある科目を除いては、決してほめられる成績ではありませんでした。「いくら努力しても努力が形にならない」というつらさと、「もしこのまま日本にいたらどうなるのか」という自分の将来像が一切見えない不安が重なり、「自分はこのまま日本にいたらどうなるのだ」と考え始めました。

私が中学校３年生のとき、幾つかの縁が重なって、英国という存在が私の中で大きくなり、英国で挑戦をしたいと決意をしました。英国に行ったらどうなるということは更に見えませんでしたが、私にとって、それはまんざら暗いイメージでもなく、一種の希望に満ちて見えました。

前置きが長くなりましたが、英国の教育に触れる前の私は、自分なりに工夫を重ねることで自分の元来持っている大変さを緩和してきました。また、「自分は他人とどこか違う」、「自分はもしかしたらディスレクシアではないか」という漠然とした考えを持っていました。そして、日本で勉強をして生きていくというイメージをつかめなかったという要素が、これから先の英国におけるディスレクシアの現状とサポートの話に進むに従い重要になってきます。

○英国での成長　～語学学校～

英国に着いて最初の半年間はケンブリッジの語学学校に通っていました。異国の文化風習になじむのが大変で、会話もろくにできないため、誤解をたくさん生んだり結構大変でした。渡英後、初の語学学校では学校の規模も大きかったため、私のディスレクシアは認知されることもありませんでした。

私にとっての本当の転機が訪れるのは、ケンブリッジの語学学校を修了して1年間学んだベッドフォードという小さな町の学校に行ってからでした。そこでは英国の高校を目指す外国人のために中学校の勉強を1年間かけて英語で復習するという教育をしていました。その学校で初めの数か月学んだ後、学校の方から簡単な語学力の試験をしたいという話が私に来ました。伝え方がとても自然だったため、私自身それがディスレクシアか否かを確かめる試験とは知らずに簡単な読み書きの試験を受けました。内容としては英単語の音を聴いてそれを書き写す試験と、書いてある英単語を声に出して読むというものでした。

その結果、私の会話能力に比べて、私の読み書き能力が目立って劣っているという傾向がわかり、私は軽度の

ディスレクシアの可能性があると母に連絡が入りました。しばらくして英国に来た母が私に直接「あなたは実はディスレクシアという困難を抱えているのよ」と伝えました。私は前述の通り、私自身「ディスレクシアではないか」という疑問を抱いていたため、正直ショックは大きかったですが、それよりも私自身がこれまでに悩んでいた、「私は他人とは何か違うんだ」、「なぜいくら努力をしても結果につながらないのか」という疑問の答えが見えた思いがして、一気に気が楽になりました。何よりも偉大な先人たちと同じディスレクシアを持っているという響きが意外と心地よく、その当時の私の自尊心を刺激してくれました。

英国においてのディスレクシアのスクリーニングでは、音韻認識の検査を中心にします。音と文字をつなげるルールを理解しているのか、それが瞬時にできるのかを見る指標ができています。ネイティブの英国人は、8歳前後で大体の場合ディスレクシアか否かがわかるようになっています。学校内で教師が簡易的に測ることができます。それに対して日本語では文字体系が異なり、表音文字であるかなと表意文字である漢字が混合しています。そのため、ディスレクシアの発見が遅れる傾向があります。日本では大人になってからディスレクシアとわかることも少なくなく、その場合正確さと流暢さで困難さを測ることになります。

　私はディスレクシアを受け入れる準備が幸運にもできていたため、学校の方もそれに素早く対応してくれました。早速、告知を受けた次の週から普通の授業のほかにスタディー・スキルという時間を設けてくれました。スタディー・スキルとは様々な理由で学習に困難を抱える子どものために、いろいろな勉強法を教える授業です。ディスレクシア以外にもディスカリキュリア（計算困難）や、特に勉強に困難のない生徒も興味があるから学ぶこともありました。スタディー・スキルの授業の内容は勉強方法を教える授業だったので、毎回様々な方法を教えてくれました。具体例を挙げると、思考法を整理するために学んだマインドマッピング、文字を絵、色、音、触感などのさまざまな感覚で結びつける方法、間違えやす

いｄとｂ、ｐとｑを絵文字で覚えやすくするなどを教えてくれました。それ以外にも勉強での悩みや論文のアドバイスもくれて大いに助かりました。スタディー・スキル以外にも学校側が提案をして地域の主催するタッチタイピングの授業にも入れてもらいました。両手を見えないようにして手先の感覚でタイピングを覚えていくというものでした。書き写す文字も絵や色などが多彩だったため、私にとっては無機質な黒い文字よりもすんなりと認識することができました。スタディー・スキルの考え方は様々な勉強の方法を教えてその中から自分に適合するものを取り入れていくというもので、私は勉強の仕方は100人いればその数だけ学び方があって良いのだと思いました。

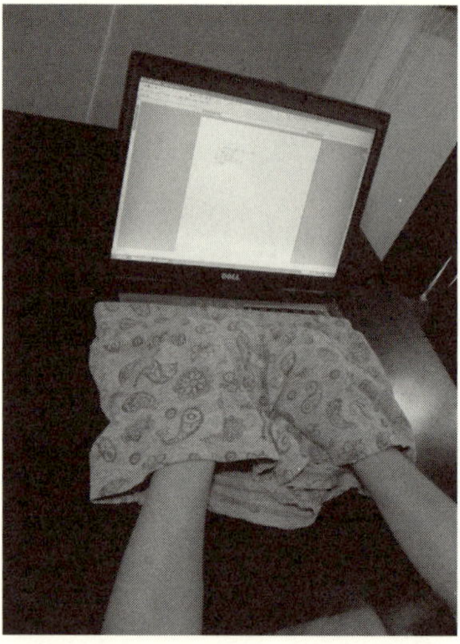

手元を隠して、タッチタイピングの練習

試験の際はディスレクシアの度合いに合わせて試験時間の延長をしてもらい、私の場合は全試験時間の25％増しにしてもらいました。手書きが困難な場合はＰＣのタイピングも許可されていました。また、用紙の色も選ぶことができたと記憶しています。その当時は手書きの方が少しだけ早かったので手書きで試験に臨みました。試験の際、外国人でありディスレクシアである私は単語の間違いや文法の間違いを犯しますが、試験は語学力よりも科目の理解力を求めていたので、それらを減点対象にはされませんでした。試験は生徒の理解力と思考力を試す場所であったので私は文章を正確に書くということよりも伝えたい内容を正確に書くということに努めるようになりました。試験とは本人の理解力と思考力を試す場所と考えれば、その力を発揮する方法は人それぞれであってよいと思います。余談ですが日本でも平成22年度から大学入試センター試験でも発達障害の特別措置が始まり、ディスレクシアのために時間延長と読み上げが認められるようになりました。

○英国での成長　～高等学校　A-Level ～

ベッドフォードの学校では自分自身の本来持っている力を発揮することができるようになってきたため、満足な成績で無事に卒業することができました。私は英国、ケンブリッジの高等学校に進むことになりました。英国の高等学校は２年制です。２年間の間に60の科目の中から３科目を選び国家試験を受けます。その国家試験の結果により入れる大学がある程度決まってくるというシステムになっています。そして、その選んだ３科目が自然に大学で専攻する研究と結びついてきます。日本の大学１、２年生が自分の専門を見つけるためのモラトリアムに当たる時期と言われますが、それに当たると考えれば良いかもしれません。ちなみに大学のシステムの話を続けますと、日本のような大学の試験はケンブリッジ大学とオックスフォード大学を除いてありません。合否の判断は面接と高校のときに受けた国家試験の結果によって決まります。つまり、高校の２年間に受ける国家試験は２つの意味で重要です。１つは将来大学で専攻する科目に繋がる分野を選ぶということで、もう１つは試験の結果で入れる大学が限定されていくので良い結果を残さなくてはならないということです。そして、良い結果を残すためには自分が得意な科目を選択することになるので自然と自分の適性の有る方向に生徒は進んでいくことになります。

高校の国家試験はA-Levelと呼ばれています。60科目は数学、理科、社会、歴史などだけでなく、運動、演劇、音楽、芸術、立体造形など多岐にわたり、それらの結果はすべて同等に扱われます。日本の理系、文系という分け方よりもより細分化されています。ですから、数学、芸術、運動学という選択も可能になります。ちなみに私は高校に入る前からうっすらと将来建築を学びたいと思っていたので人文地理、立体造形、グラフィックアートを選びました。それとともに２年目には科目から外しましたが最初の１年目は演劇学を学び、数学も苦手でしたが基礎は固める必要があると思ったので２年間学びました。

高校時代は試験に備えて勉強に励みました。国家試験は２種類あります。１つは１回の試験で結果が出るもの、数学、理科、人文地理などがそれに当たります。もう１つがプロセスで評価をするもの、美術系の科目がこれに当たります。プロセスで評価するものとは１年を通して与えられた試験課題を作品として作成していくことです。その途中経過としてのポートフォリオの作成も成果物と同じくらい重要です。実際にそれらの作品に加えて所要時間内に作成しなくてはいけない試験もありますが、それらも作品の完成を求めているのではなく制作の意図が伝わるように作成することが求められているので、未完成の状態であっても評価の対象になります。

国家試験であっても、試験の間はディスレクシアなど困難を持った学生の能力を最大限引き出すために、試験の時間延長、試験の問題の音声化、口頭試問、コンピュータによるタイプ、辞書の持ち込み、試験用紙の色の選択がおのおのの能力を最大限引き出すために可能で、しかも体調が悪い場合もあるため、試験日をいくつか用意しているので、ベストに近い状態で試験に臨めます。これは大学の面接のときもそうでしたが、ある期間が設定してあり、その期間内は面接も調整が可能ということです。

試験の配慮やシステムの説明はしましたが、学校生活においてはどうだったかといいますと、毎週ベッドフォードの学校にいたときのようにスタディ・スキルの時間が設けられていました。内容はベッドフォードで受

けたものと同じでしたが、お陰で自分が困難を覚えていることの相談や解決策などを提案してもらい力を発揮できたと思います。ただ、このようなサポート体制もすべての学校に備わっているというわけではなく、学校により対応の差はあります。前述しましたが、ディスレクシアのスクリーニングも完璧ではなく大学生になるまでディスレクシアがあることがわからなかった英国人の友達もいることから、英国の中でも私は比較的恵まれた境遇にいたのだと思います。

○英国での成長　～建築大学～

高校も良い結果を出すことができ、いくつかの大学の面接を経て、私にとって一番相性がよく、面白いと感じた建築の大学ＡＡスクールに晴れて飛び級で入学をすることができました。高校に入る前から建築を学びたいと思っており、特にその後ぶれることもなかったために選んだ建築でした。入学してみると学校がアバンギャルドな校風で知られているという関係もあってかディスレクシア、多動、高機能自閉症など、私の小学校時代のような個性に富んだ仲間に巡り合うことができました。大学に在籍していた５年間、評価は個人個人の１年間をかけて制作をした成果物になされるので、私自身ディスレクシアによる困難はさほど気にならず、むしろ私自身の空間認知能力を引き出すことができました。実際にサポートもないに等しかったのですが、論文などで困ったときは知人や教授が手伝ってくれたお陰で苦労を軽減することができました。

私にとって、英国及びその後仕事をしたドイツ、フランスでもそうなのですが、居心地が良かったのは周囲のディスレクシアの理解が深く、ふつうのこととして理解し、それに対して自然に手助けをしてくれたことです。むしろ、ディスレクシアと伝えると「面白いものを持って生まれていいね！ おめでとう、建築をするなんて適職じゃないか！」という前向きな反応が返ってくることがあるくらいです。そもそもディスレクシア自体が「障害」とはあまり認識されておらず、むしろ「個性」のようなものとして認識されていた感じがしました。日本の人にとってわかりやすく言えば血液型による性格占いに似た感覚なのではないかと感じます。私がB型なのは障害ではなく一つの個性である――というように。ディスレクシアに関しては誰でも知っていて、当たり前のこととして浸透しています。理由を考えてみると、イギリス王室の王子がディスレクシアだったり、トム・クルーズ、キアヌ・リーブスなどの多くの著名人がカミングアウトをしたりしていることや、英語という言語がディスレクシアにとって難しい言語であるため、ディスレクシアを

Hey Tak!

見つけやすいことや、人類（日本人も含む）の約10人に1人ぐらいの割合でディスレクシアの人がいるという理解があるためかと思います。

ここが重要だと思うのですが、ＡＡスクールの約3分の1、もしくはそれ以上がディスレクシア、多動、ゲイ、レズ、高機能自閉症などの個性を持っていたと思います。しかし、彼らはそれによる社会の無理解やいじめを受けなかったため、むしろ彼らの個性が輝いていました。私もその中の明るい個性の一つとして活躍できました。私のいた学校は特にダイバーシティーのある学校でしたが、英国の社会全体として、これらが普通の状態なのではないかと思います。

○日本にいて見えてくる問題点

現在、私は日本で建築家として仕事をしています。欧州ではいろいろな個性が共存している状態が普通だったので居心地が良かったのですが、日本は全員が同じ価値観を共有して、同じようにしている状態が普通なので、とても窮屈に感じています。

日本においてまず大変なのは、私の大変さを相手に理解してもらうことです。そもそもディスレクシアが何かを知らない人がまだ大多数で、仮にディスレクシアを認識している人がいても、「障害を持っているなんてかわいそう」という心外な反応をされます。もっとひどいのは「ディスレクシアは治りますか」と聞かれることがありますが、血液型のたとえを使えば、「Ｂ型からＡ型になりたいのですがどうすればよいですか」というのと同じことで、ディスレクシアとはそもそも脳の構造の違いから起こる、意味、記号、音のつながりの困難であり、その特異なつながりから困難が生まれ、同時に才能も生まれます。障害という概念は個性の内のマイナス点のみを取り上げたもので、本来ならそれは一つの個性に帰属するものだと思います。

私にとっての困難は現在もあり、私自身の工夫により苦手なことを補強しています。物忘れは今でもひどいので、忘れないために仕事で必要なものをすべてリュックにしまうようにしています。そうすることで体がリュックの重量を覚えているため忘れることがありません。「書き」はとても遅いのですが、タッチタイピングだと手書きの３倍の早さで書けるため、すべてパソコンで書きます。「読み」も遅いのですが黄色いフィルターを着けると読みが３倍近い速さになるので、それで補強をしています。左右の判断が今でも難しいのですが、左手の指で英単語の左を意味するLeftの頭文字、Ｌの字を作り、体の感覚で左右になじむようにしました。あとはiPadなど仕事効率化の機器を使い自分の弱みを補強する工夫をしています。ディスレクシアの私がどうやって文章を書いているのか疑問に思う方もいらっしゃると思いますが、これもさまざまな工夫のお陰です。代筆ではありません。ただ、読み書きの速さが3倍になるといってももともとの読み書きの能力が低いので、一般レベルにやっと追いつけるといったレベルです。私は自分の能力に凸凹があるため自分の適性に合った仕事をしたいと考えているのですが、なかなか伝わらないのが一番の大変さだと思います。必要なのはお互いの歩み寄りだと思います。工夫や方法を見つけることでディスレクシア及びその他の困難を軽減し才能を発揮する可能性が広がると思います。それにより、より社会に適合できると同時に自分の努力を形にすることもできるようになると思います。それは社会にとって大きなメリットだと思います。その間、周囲の理解が広がることで個々の特性をより生かせる環境や理解が広がることで、新しい可能性が生まれ、社会が活発になり、優しい、真のバリアフリー社会になると思います。

私の読み書きの能力が実際どれほどのものかわからなかったので、東京大学先端科学技術研究センターの河野客員准教授にお願いをして、私の読み取り能力と書き取

り能力を調べてみると、両方とも小学校３年生レベルの読み書きしかできないことがわかりました。ちなみに高校生のときに英国で受けたＩＱテストの結果は160で、空間認知や図形は200近い数値でしたが、短期記憶や数列は低かったのを覚えています。

私の今の課題としては、ディスレクシアをより多くの人に理解してもらうということはもちろんですが、日本の職場においてディスレクシアである私の居場所を作っていくことかと考えています。欧州での仕事では私自身自分の強みを出して仕事をすることができ、苦手な読み書きをしないで働くことが可能でした。ボスもそれを当たり前のこととして理解してくれていたし、同僚も私と似た「におい」を持った人が多かったので仕事をしやすかったと思います。日本で仕事を初めて気がついたことは、私と似た「におい」の人種があまりにもまわりにいないということです。それは日本の教育システムの中で多くが淘《とう》汰されてきたからだと思います。

米国の調査によると米国の大学におけるディスレクシアを抱えた学生の進学率は全体の１割弱を示しています。これは一般的な人類におけるディスレクシアの割合と符合しており、大学に行って学びたいという意志を持った人が平等に機会を持っていることを示している数字かと思います。それに対して日本はその10分の１であり、つまり多くの可能性の芽が日本の教育システムの中で摘まれているということだと思います。もちろん、大学に入ることだけが選択肢ではないと思いますし、それぞれの状態に合った道に進めばよいと思うのですが、望んだ道に進めないということはあってはいけないと思います。センター試験においてシステムが改善されたことは良い傾向だと思います。試験において本当の平等とは試験を受けている人の能力を最大限に発揮できる条件ができて平等と言えるのではないかと思います。もともと持っている能力を引き出さずに除外していき、限定された人種しか生き残れない社会のシステムは「悪」だと思います。

私が実際に受けてきた英国におけるディスレクシア

へのサポートは大きく分けて3つあると思います。1つ目は個々の能力を伸ばしていくために一番能力を発揮できる勉強法を教えてくれることです。2つ目は個々の能力を最大限発揮できるために必要な試験や労働の環境を作っているということです。この2つは制度上の問題であり、日本でも変わりつつあります。これから重要になるであろう3つ目は周囲の正しい理解だと思います。周囲の理解があれば、自然な対応ができるし、文字を書くのが苦手なディスレクシアの人に「文字を努力すれば書ける」と励ますようなあまり実りのないことが起こることも少ないと思います。障害とは環境が作っているものだと私は思います。例えばルネッサンスのフィレンツェでは凡庸な人は障害者だったかもしれません。大切なのは違いを認め、お互いを思いやることが一番のサポートなのだと思います。

「今、私ができること」

　私がここまで来ることができたのも、数多くの幸運と人の好意のお陰が大きかったと思います。今、私ができることとして、建築の仕事の傍らディスレクシアの啓蒙活動にも励んでおります。その一環として講演会において話をしたり、主にディスレクシアの少年・少女を対象にワークショップを開いたりしています。ワークショップは子どもたちが日頃の生活で見つけることが難しい、自分にとって居心地の良い空間を発見してもらい、それを建築の模型として創るワークショップです。これを通じて子どもたちが己に触れるきっかけになればと思います。

　将来は素材の起こす現象を通じて、誰も見たことの無い、人の心象空間に訴える建築・芸術空間を創造していきたいと思います。

藤堂さんは、ただ、今の世界に適応して生きるだけでなく、今はまだ生まれていない価値を創り出そうとしているんですね。創造的な生き方だと思います。いろんなことを突き抜けた先には、そういう生き方に行き当たるのかもしれませんね。

発達障害の子どもたちにも、そうではない子どもたちにも、ただ今ある世界に甘んじるのではなく、もっと先を目指す気持ちを育んであげたいものですね。

第5章

サポートのポイント

サポートをするときに大切なことや、今後の課題について。

関係性の調整を

まず大切なのは、発達障害の改善のみにこだわらないことです。サポートをする側が発達障害の症状をよくないことだととらえていると、訓練などに力が集中的に注がれるようになり、症状の改善が最大のポイントになってしまいます。

102ページでも言っていますが、欠点を直すことばかりに執着すると、定型発達の子どもでも、大人でもだんだん萎縮してきて、本来持っている良ささえ出なくなっていくものです。発達障害のある子どももそうです。目の前の子どもの良いところや素晴らしいところに目が向かなくなってしまえば、かえって遠まわりになるのです。

ですから、発達障害のある人をサポートするには、その人の課題から入るのではなく、あなた自身や、その人を取り巻くまわりの人との関係を調整することから始めることが、まず第一だと考えます。つまり、自分の思い通りになるように本人を変えるのではなく、お互いの関係性の中で、やりやすい形を作っていくのです。

そのために必要なことは、サポートする側が発達障害の人を取り巻く全体を俯瞰《ふかん》して、関係性をよく観察することです。その中で、まずは自分自身のすべきことをよく自覚します。それに加えて全体を調整するには、社会のいろいろな立場の人を知ることが大切です。

私たちは自分に都合のいいように相手が変わってくれることを望みがちです。「この子がもっとこうだったらいいのに」とか「あの人がこうしてくれればいいのに」と。しかし、お互いがそう思っていては何も変わりません。自分が変われば相手も変わるものです。相手が手を差し出してくれるのを待っているだけではなく、こちらから手を伸ばしたり、また、相手が手を差し出しやすいような環境を作っていく。人の立場に立った調整力を身につける必要があります。

本人を変えようとする前に、一人の大人として、まず自分自身がお手本を見せることが重要だと考えます。

将来も考えて大きな視点で

加えて大切なことは、相手を尊重することです。発達障害のある人は、相手の気持ちや場の状況が読み取れず、相手を不快にしたり怒らせることがあったり、こだわりと思い込みから物事がうまくはかどらないことが起こりがちです。そのようなときには、本人の気持ちにより添いながら、一つひとつの状況に丁寧に付き合う姿勢を大切にしてほしいのです。

「なんで、こんなことがわからないの？」と言いたくなるような場合でも、本人には、それなりの事情があるものです。思い通りにならないことを飲み込むにも、相当の時間がかかることもあります。それを横から責められれば、余計にパニックになってしまうかもしれません。時間をかけて本人なりに消化することを見守ってあげてもらえればと思います。

サポート側の優しさと思いやりのあるかかわりから、発達障害のある人にも少し余裕が生まれ、自分の言動を振り返っていけるものと考えます。そうやって自分のキャパシティーを増やしていくことはお互いにとってメリットがあります。専門的な知識等も必要だとは思いますが、発達障害のある人からむしろ学ぼうとする姿勢でかかわることの方が、サポートする側により求められるものではないでしょうか。

　また、発達障害のある人の「今」とかかわるだけではなく、その人の将来を見据えることも大切です。サポートする側がずっと将来もかかわりながら応援できればいいのですが、そのようなことはほとんどの場合できないのが現状です。今、かかわっている発達障害のある人が次のステージに進むのに、どのようにつないでいくかは大きなポイントであると考えます。つなげるツールとして相談支援ファイルなどを活用することも考えられますが、大切なことは人が人と人とをつなげていくことです。また、サポートする側のネットワークを広げることによって、サポートできる幅も広がります。より細やかに支援できる体制作りが求められます。

人のことを考えられる人を

自分のことから考える人ではなく、まずほかの人のことから考えていく人が増えていってほしいです。以前に比べ自己主張したり、積極的に外の世界に出て自分をアピールしようとしたりする人は増えてきているように感じます。そのときに、相手の立場やその場の状況を考えて行動している人はどれだけいるでしょうか。

こういうふうに言えば、「自分のことで精一杯で、人のことなんて考えていられない」と思う人も少なくないかもしれません。しかし、ただほかの人のために犠牲になれと言っているのではなく、関係性を大切にする行動の必要性を言いたいのです。自分が安定して生活したいのであれば、家族や自分を取り巻くまわりの人たちの安定が不可欠です。まわりがガタガタしていれば、自分だけ安定することは不可能です。

自分を取り巻く関係性をネットワークのように考えてみてください。このネットワークを良好に保つには、全体の交流がうまくいっていなければなりません。自分だけではなく、自分を含んだまわり一帯がうまくまわるためには、お互いの関係性に配慮した行動が必要なのです。つまり「情けは人のためならず」です。人のためにしたことが、めぐりめぐって自分を守っていくのです。

加えて、寛容さを持つことも重要なことです。発達障害のある人のまわりにいる人に寛容さがあり、彼らの特性をよく理解したうえで関係性を大切にするかかわりをすれば、発達障害のある人の行動などは落ち着き、安定したものになると考えます。こちらの思い通りにいかないことに、一つひとつ目くじらを立てていては、関係性はギスギスしたものになっていきます。発達障害のある人の人生を大きな視点で見て、今、挑戦すべきステップはなんなのかを意識して、それ以外はスルーしてあげるくらいでちょうどよいかもしれません。それであなたが得られるものは何か？ それは大きなキャパシティーを持つ魅力的な人間性です。人のために苦労することは、あなたを大きな人間にしてくれます。それはお金とは違って、一生あなたから離れることはないでしょう。

学校卒業後のサポートの相談

47 都道府県と政令指定都市には、発達障害支援センターが設置されています。

センターでは、ライフステージに応じた支援を行い、学校卒業後の支援としては就労支援と生活支援を行っています。地域によって違いますが、子ども病院に設置されているセンターでは医療相談も受けられます。センターは広域での支援なので、すべての相談に応じることが困難な状況です。そのため、センターと市町村の支援の連携が求められます。

市町村においては、役所内の福祉課や保健センターでも支援を受けられます。役所内には発達障害の専門家が必ずしも配置されているわけではないので、相談内容によって相談先を変えたほうがいいかもしれません。医療の相談なら保健師に、就労・生活支援なら福祉課に相談したら、相談内容によって専門機関を紹介されます。ただ、学校教育で受けてきた支援が、卒業後も引き継がれていくとなると難しい状況と言わざるを得ません。今後、発達障害のサポートをトータル的に対応できるための地域における発達障害サポートセンターの設置が望まれます。

すべての人に素晴らしい地域づくり

こうしたサポートの先には、サポートされる人にとって、よりよき未来があると思います。自分の障害を受け止め、自分の特性を理解した上で、より良き生活が送れることです。しかし、それは当事者だけにとっての未来や生活ではありません。発達障害のある人が生きにくい社会ならば、他の人にとっても生きづらいといっていいでしょう。一番弱い立場の人が安心して生活できる社会であれば、どのような人も安心して過ごすことができます。

これは発達障害に限った話ではありません。老人、子ども、障害のある人など、さまざまな弱い立場の人が、安心して暮らせる社会を築くこと、それがこれから私たちの目指すべきものではないかと考えます。地域社会の人たちが、互いに支え合い、認め合い尊重することにより、すべての人が生活しやすくなると考えます。サポートの先にあるのは、すべての人にとって素晴らしい地域社会ではないでしょうか。発達障害の人とともに生きることは、さまざまなヒントを与えてくれることでしょう。

付録1

うちの子R君の取り扱い説明書

ここでは発達障害の息子さんを持つお母さんが、学校に提出した「うちの子の取り扱い説明書」とも言うべき文書を紹介します。

こうした情報は通常、付き合う中でわかってくることですが、発達障害の人は理解される前に、そのコミュニケーションの独特さで反感を持たれてしまうことが少なくありません。そうなると壁ができてしまい、その壁を崩すのは結構手間がかかるようになります。

そうした事態を未然に防ぐため、付き合う上での注意事項を前もって伝えておこうとしたのがこの文書です。これはお互いにとって有益なものと思われます。

発達障害に限らず、自分の取り扱い説明書を作ってみるのも、自分を知る上で面白いかもしれません。

Rへの理解と配慮について

<要望>

[1] トラブルやパニックを未然に防ぐ

環境を整えて、安心できる場所を確保することが大切です。また、スケジュールを示す、トラブルになりそうな場所などに近づかせないなど、細やかな配慮が必要です。

予定を変更した場合は「予定変更があります、聞いてください」と前置きをしてから話し、必ず文字に書いておくとよいです。前置きを言うことはとても重要で、この一言があると心づもりができるらしく動揺しにくいです。また、彼が怒っているときは彼が困っているときです。トラブルなどが起こってパニック状態になっている場合は、まず深呼吸をさせ、静かな落ち着く場所に移動して彼の言い分を受け止めることが大切です。落ち着いてから状況を客観的に話すと入りやすいです。それから今後の対処法などを一緒に考えていくとよいと思います。

＊避難訓練の日程は前もって教えてください。

[2] 彼に合わせながら生活や学習を進める

体調など調子が良いか悪いか、不安や緊張を感じているか、楽しんでいるかなど、本人がどのような状態なのか観察することが大切です。どのような場合でもまず彼に合わせて進めていくことが大前提になります。彼の思いを否定しないで受け止めることや待つことが重要です。以前よりも自分の体調や精神状態を言葉で表すことができるようなったのでわかりやすくなってきていますが、まだまだサポートが必要です。言葉で答えられることが増えてきたといっても、精神的に疲れているのか頭痛や体調不良でしんどいのか、彼自身も説明できないことがまだ多くあります。いろいろな場面でメモやカードが有効です。集団の中では「休憩します」「注意することは先生に任せます」などのカードを持たせてときどきこちらから声をかけるなどをしてカードの使用方法を示すと対処法が身についていきます。教室などでは「困っています」「○○分、休憩します」「もう一度言ってください」「メモを書いてください」などのカードを持たせて声をかけながら使用すると、彼は自分が困ったときにどのように助けを求めたらよいかというスキルが身についていくと思います。

[3] サポートをしながら成功体験を多く経験させる

彼の弱い部分をサポートし、聴覚過敏など彼自身の力ではどうしようもないしんどい部分はできるだけ回避し（対処法がいくつかあります）、優れた部分を伸ばしてあげられるよう成功体験をたくさん経験させることが大切だと考えます。彼は人より苦手な部分がたくさんあるためにどうしても失敗体験が多くなります。サポートをしながら成功体験を積み上げげられるように持っていくことが自信につながり良い面が伸びていくことになると思います。彼の良い面の特徴としては長期記憶に優れていることや、素直で正直なこと、そのほかに音に敏感なためか音程を正確にとれるので歌がうまいこと、朗読がうまいことなどです。

＜Rの特徴と配慮の方法（家庭の中で）＞

①音に敏感である

彼の耳にはさまざまな音が飛び込んできているようです。救急車や消防車、パトカーなどのサイレンの音に敏感で、苦手で恐怖を感じているようです。建物の中や車の中では取り乱すことはないですが、音が聞こえなくなるまで何も手につかなくなります。その場合、彼が動けるようになるまで待ちます。最近は外出時にサイレンが聞こえてきた場合も取り乱すことはなくなりましたが、表情はこわばって動きません。このときも同様に待ちます。また、音だけでなく否定する言葉や態度にも敏感で傷ついてしまいます。この場合は怒りという形で表現することが多いです。彼を落ち着く場所に連れていき深呼吸をさせてゆっくり話を聞いてあげると落ち着きます。家の中ではパニック時などに暴言を言ってもいいことにしていますし、小学校では特別支援学級の部屋で暴言を言ってもいいことになっていました。家と学級内以外で言わないよう約束しています。

②間違いに敏感である

相手が間違ったことを言ったり、行動したりすることが非常に気になります。そのことを相手に指摘したくなります。落ち着いているときは優しい言い方ができますが、緊張状態の場合は大声で怒鳴ります。何回もルールから外れるようなことをする特定の子どもには特に敏感に反応してしまいます。このことがトラブルの原因になることが多くあります。「R くんの言っていることはわかるよ（合っているよ）」などと、まず、彼の思いを受け入れて彼が落ち着くのを待ち、深呼吸などをして、それから相手の思いやこれからの対処法などを一緒に考えるようにしています。彼の思いを受け止めるとき、受け止める側は感情的にならないことが大切です。

③感受性が強い

非常に傷つきやすいです。彼を必要以上に傷つけないように注意しながら接しています。自己評価が低いためでしょうか、些《さ》細なことで自分の頭をたたいたり、壁に頭を打ちつけたり「自分はなんてあほでいやなやつなんや、この世に生まれてこなければよかったんや」と言ったりします。この場合も深呼吸させてゆっくり話を聴いて彼の気持ちを受け止めながら彼の良い面を認識させるような言葉をかけるようにしています。

④におい、味に敏感である

偏食がきつくて食べられるものが限られています。本当に少しずつですが、以前より食べられるものが増えてきつつあります。本人は食べられるものが少ないことを非常に気にしていますので無理強いはしていません。無理をすると吐き気がしてくるようで戻してしまいます。炭水化物では白米、赤飯、ラーメン、うどんなど食べられるものがわりと多いです。たんぱく質では焼魚、肉（焼くなどシンプルな調理法）、豆腐、牛乳、チーズ、ヨーグルトなどが食べられます。野菜はとうもろこし以外はほとんど食べられません。細かく切って調理したものは食べられるときがあります。果物はメロン、バナナ、いちご、りんご、みかん、オレンジなどが食べられます。ただし、どの料理にも共通することですがいつもと違うにおいや味のものは食べられません。

⑤こだわりが強い

目に見えるこだわりとしては、コンセントを差す位置、ゲームを始める手順や片づけ方、テレビの消し方などを決めています。また、自分の書いた文字の形、日付に0

をつけること（04月08日など）などにもこだわります。最近はこれらのこだわりをまわりに強制することは少なくなり、自分の中のルールとしてやっているようです。「どっちでもいいやんか」と言わずに「Rはこうしたいんだね」と肯定して彼の思いを受け入れると、安定してきてこだわりをまわりに強制することが減ってきたように感じます。コンセントやスイッチなどで触ってはいけない場所がある場合は、あらかじめ彼に伝えておくとよいです。

目に見えないこだわりは、（間違いに敏感という部分に重なるところがありますが）彼の中のルールや基準から外れる人が彼にとって苦痛です。彼の中のルールから外れる人にこれを指摘したくなります。このこともトラブルの原因になることが多いです。彼の意見を受け止めた上で相手のことや今後の対処法を一緒に考えています。

⑥不器用である

縄跳びがあまり跳べない、全力で走ると手足がもつれてくるなど運動面の不器用さがあります。また、文字を書くことにとても労力を使います。筆圧が強い、文字の形が気になる（思った通りに線が書けない）などの要素も加わり、彼にとって書く作業は非常に根気のいるしんどいことです。最近は少しずつですが、以前よりこだわりが少なくなり、書き直しをすることも減ってきたために書くスピードは少し上がってきましたが、まだまだ人の2、3倍の時間はかかります。こちらがゆったり待つという姿勢で臨むと彼も安心して書けるようです。文字を書くことは彼にとってこちらが思っている以上に疲れる作業のようです。

⑦状況判断が難しい

状況の移り変わりについていけていないことが多いです。私たちは自分に必要な情報をより分けて処理していますが、彼はすべての情報が一度に入ってきて、それを処理するのに時間がかかるため、会話やまわりの時間的な流れについていっていないことがしばしばあります。また、興味のある言葉や気になる言葉が聞こえてくると、そこで止まってしまうことが多いです。途中で話が脱線しても彼を否定せずにゆっくり聞いてあげていると、彼の方から話を元に戻してくれることが多いです。緊急の場合はこちらの話を優先させても大丈夫です。その場合は必ず前置きをするようにするとうまくいきます。

⑧選択することが苦手

選ぶことが難しいようです。「好きなものを選んで」と言われると混乱することが多いです。

自分で決定することに不安を感じているように思います。選ぶときのポイントやメリット、デメリットを伝えてあげると、まだましなようです。それでもなかなか選択できません。「選んでほしい」と言うことが多いです。

⑨集中力の持続が難しい

やらなければならないこと、特に学習中などに集中が途切れることが多いです。文字を書くことに関してはすぐに疲れてきます。学習していて急に別の話をし始めるときがありますが、外からの刺激（サイレンの音など）の場合は落ち着くのを待つとよいです。何か彼の興味をひく言葉があった場合は一通り話を聞いてあげると彼からまた元の学習に戻ることが多いです。本当に疲れて休憩したい場合も急に話をし始めますが、話をしてからまたもとに戻ることが多いです。疲れたときは体を伸ばす、深呼吸するなどをさせるとよいです。

⑩方向感覚がよくない

方向感覚がよくないです。自分がどこにいてどこに動けばよいのかわからなくなるときがあります。目の動きも不器用らしいので探し物を見つけることが難しいです。

⑪話すことに関して

★2つ以上の指示をすると本人が混乱して入りにくいです。

精神的に緊張状態のときや体調不良のときは、混乱してきて訳がわからないと言って頭をかきむしったり大声を出したりするときがあります。また、落ち着いている場合では聞こえているけれど内容の理解に至っていなくて「はい」と返事だけすることがよくあります。この「はい」は聞こえていますよという意味で使っているのかもしれません。内容は理解していない場合や部分的にわかっている場合などさまざまです。一つずつ区切って話すと理解しやすいようです。言葉だけでの指示は入りにくく、また、忘れてしまうことが多いので文字を書いてみせるとよく理解できます。

★現在進行形の会話は苦手です。

話を聞いているように見えるので、内容についても理解しているように見えますが、実は内容理解に至っていないことが多いです。相手に質問されたとき、過去の出来事で記憶に焼きついてしっかり処理できていると思われるものについてはしっかり答えられます。彼は長期記憶に優れています。まだ記憶が新しく彼の中で処理をしている最中のものは、考えながらたどたどしくゆっくり話します。口の中でもごもご繰り返してから（練習しているように聞こえます）、相手に話すことがあります。質問されて困ってしまったときは、混乱してイライラしてきます。また、精神的に緊張状態のときや体調不良のときは、怒鳴ってしまうことがあります。逆に彼が相手に質問する場合、言葉がなかなか出てこなくてゆっくりつっかえながら話すことが多いです。こちらは気長にゆっくり待ちながら話を聞くようにするとうまく会話ができます。彼が困っている場合は、「はい」「いいえ」で答えられる質問をしてみるとよいです。こちらの考えや思いを文字に書いて見せることも彼に伝わりやすいです。

★話すテンポはゆっくりです。

彼は話すテンポがゆっくりです。言葉がスムーズに出てこないことがしばしばあります。言葉の流れはゆっくりでときどき立ち止まりますが、こちらが待ちながら会話するとうまくいきます。聞き上手になるとよいです。また、音の響きが面白い言葉に興味を持ちます。だじゃれなどが好きですし、ユーモアもあります。

付録2

発達障害者支援法

発達障害者支援法
(平成十六年十二月十日法律第百六十七号)

最終改正：平成二〇年一二月二六日法律第九六号

(最終改正までの未施行法令)
平成二十年十二月二十六日法律第九十六号　　　(未施行)

第一章　総則

(目的)
第一条　この法律は、発達障害者の心理機能の適正な発達及び円滑な社会生活の促進のために発達障害の症状の発現後できるだけ早期に発達支援を行うことが特に重要であることにかんがみ、発達障害を早期に発見し、発達支援を行うことに関する国及び地方公共団体の責務を明らかにするとともに、学校教育における発達障害者への支援、発達障害者の就労の支援、発達障害者支援センターの指定等について定めることにより、発達障害者の自立及び社会参加に資するようその生活全般にわたる支援を図り、もってその福祉の増進に寄与することを目的とする。

（定義）

第二条　この法律において「発達障害」とは、自閉症、アスペルガー症候群その他の広汎性発達障害、学習障害、注意欠陥多動性障害その他これに類する脳機能の障害であってその症状が通常低年齢において発現するものとして政令で定めるものをいう。

2　この法律において「発達障害者」とは、発達障害を有するために日常生活又は社会生活に制限を受ける者をいい、「発達障害児」とは、発達障害者のうち十八歳未満のものをいう。

3　この法律において「発達支援」とは、発達障害者に対し、その心理機能の適正な発達を支援し、及び円滑な社会生活を促進するため行う発達障害の特性に対応した医療的、福祉的及び教育的援助をいう。

（国及び地方公共団体の責務）

第三条　国及び地方公共団体は、発達障害者の心理機能の適正な発達及び円滑な社会生活の促進のために発達障害の症状の発現後できるだけ早期に発達支援を行うことが特に重要であることにかんがみ、発達障害の早期発見のため必要な措置を講じるものとする。

2　国及び地方公共団体は、発達障害児に対し、発達障害の症状の発現後できるだけ早期に、その者の状況に応じて適切に、就学前の発達支援、学校における発達支援その他の発達支援が行われるとともに、発達障害者に対する就労、地域における生活等に関する支援及び発達障害者の家族に対する支援が行われるよう、必要な措置を講じるものとする。

3　発達障害者の支援等の施策が講じられるに当たっては、発達障害者及び発達障害児の保護者（親権を行う者、未成年後見人その他の者で、児童を現に監護するものをいう。以下同じ。）の意思ができる限り尊重されなければならないものとする。

4　国及び地方公共団体は、発達障害者の支援等の施策を講じるに当たっては、医療、保健、福祉、教育及び労働に関する業務を担当する部局の相互の緊密な連携を確保するとともに、犯罪等により発達障害者が被害を受けること等を防止するため、これらの部局と消費生活に関する業務を担当する部局その他の関係機関との必要な協力体制の整備を行うものとする。

（国民の責務）

第四条　国民は、発達障害者の福祉について理解を深めるとともに、社会連帯の理念に基づき、発達障害者が社会経済活動に参加しようとする努力に対し、協力するように努めなければならない。

第二章　児童の発達障害の早期発見及び発達障害者の支援のための施策

（児童の発達障害の早期発見等）
第五条　市町村は、母子保健法（昭和四十年法律第百四十一号）第十二条及び第十三条に規定する健康診査を行うに当たり、発達障害の早期発見に十分留意しなければならない。
２　市町村の教育委員会は、学校保健安全法（昭和三十三年法律第五十六号）第十一条に規定する健康診断を行うに当たり、発達障害の早期発見に十分留意しなければならない。
３　市町村は、児童に発達障害の疑いがある場合には、適切に支援を行うため、当該児童についての継続的な相談を行うよう努めるとともに、必要に応じ、当該児童が早期に医学的又は心理学的判定を受けることができるよう、当該児童の保護者に対し、第十四条第一項の発達障害者支援センター、第十九条の規定により都道府県が確保した医療機関その他の機関（次条第一項において「センター等」という。）を紹介し、又は助言を行うものとする。

4　市町村は、前三項の措置を講じるに当たっては、当該措置の対象となる児童及び保護者の意思を尊重するとともに、必要な配慮をしなければならない。

5　都道府県は、市町村の求めに応じ、児童の発達障害の早期発見に関する技術的事項についての指導、助言その他の市町村に対する必要な技術的援助を行うものとする。

（早期の発達支援）

第六条　市町村は、発達障害児が早期の発達支援を受けることができるよう、発達障害児の保護者に対し、その相談に応じ、センター等を紹介し、又は助言を行い、その他適切な措置を講じるものとする。

2　前条第四項の規定は、前項の措置を講じる場合について準用する。

3　都道府県は、発達障害児の早期の発達支援のために必要な体制の整備を行うとともに、発達障害児に対して行われる発達支援の専門性を確保するため必要な措置を講じるものとする。

（保育）

第七条　市町村は、保育の実施に当たっては、発達障害児の健全な発達が他の児童と共に生活することを通じて図られるよう適切な配慮をするものとする。

（教育）

第八条　国及び地方公共団体は、発達障害児（十八歳以上の発達障害者であって高等学校、中等教育学校及び特別支援学校に在学する者を含む。）がその障害の状態に応じ、十分な教育を受けられるようにするため、適切な教育的支援、支援体制の整備その他必要な措置を講じるものとする。

２　大学及び高等専門学校は、発達障害者の障害の状態に応じ、適切な教育上の配慮をするものとする。

（放課後児童健全育成事業の利用）

第九条　市町村は、放課後児童健全育成事業について、発達障害児の利用の機会の確保を図るため、適切な配慮をするものとする。

（就労の支援）

第十条　都道府県は、発達障害者の就労を支援するため必要な体制の整備に努めるとともに、公共職業安定所、地域障害者職業センター（障害者の雇用の促進等に関する法律（昭和三十五年法律第百二十三号）第十九条第一項第三号 の地域障害者職業センターをいう。）、障害者就業・生活支援センター（同法第三十三条の指定を受けた者をいう。）、社会福祉協議会、教育委員会その他の関係機関及び民間団体相互の連携を確保しつつ、発達障害者の特性に応じた適切な就労の機会の確保に努めなければならない。

2　都道府県及び市町村は、必要に応じ、発達障害者が就労のための準備を適切に行えるようにするための支援が学校において行われるよう必要な措置を講じるものとする。

（地域での生活支援）

第十一条　市町村は、発達障害者が、その希望に応じて、地域において自立した生活を営むことができるようにするため、発達障害者に対し、社会生活への適応のために必要な訓練を受ける機会の確保、共同生活を営むべき住居その他の地域において生活を営むべき住居の確保その他必要な支援に努めなければならない。

（権利擁護）

第十二条　国及び地方公共団体は、発達障害者が、その発達障害のために差別されること等権利利益を害されることがないようにするため、権利擁護のために必要な支援を行うものとする。

（発達障害者の家族への支援）

第十三条　都道府県及び市町村は、発達障害児の保護者が適切な監護をすることができるようにすること等を通じて発達障害者の福祉の増進に寄与するため、児童相談所等関係機関と連携を図りつつ、発達障害者の家族に対し、相談及び助言その他の支援を適切に行うよう努めなければならない。

第三章　発達障害者支援センター等

（発達障害者支援センター等）

第十四条　都道府県知事は、次に掲げる業務を、社会福祉法人その他の政令で定める法人であって当該業務を適正かつ確実に行うことができると認めて指定した者（以下「発達障害者支援センター」という。）に行わせ、又は自ら行うことができる。

一　発達障害の早期発見、早期の発達支援等に資するよう、発達障害者及びその家族に対し、専門的に、その相談に応じ、又は助言を行うこと。

二　発達障害者に対し、専門的な発達支援及び就労の支援を行うこと。

三　医療、保健、福祉、教育等に関する業務（次号において「医療等の業務」という。）を行う関係機関及び民間団体並びにこれに従事する者に対し発達障害についての情報提供及び研修を行うこと。

四　発達障害に関して、医療等の業務を行う関係機関及び民間団体との連絡調整を行うこと。

五　前各号に掲げる業務に附帯する業務

２　前項の規定による指定は、当該指定を受けようとする者の申請により行う。

（秘密保持義務）

第十五条　発達障害者支援センターの役員若しくは職

員又はこれらの職にあった者は、職務上知ることのできた個人の秘密を漏らしてはならない。

（報告の徴収等）

第十六条　都道府県知事は、発達障害者支援センターの第十四条第一項に規定する業務の適正な運営を確保するため必要があると認めるときは、当該発達障害者支援センターに対し、その業務の状況に関し必要な報告を求め、又はその職員に、当該発達障害者支援センターの事業所若しくは事務所に立ち入り、その業務の状況に関し必要な調査若しくは質問をさせることができる。

2　前項の規定により立入調査又は質問をする職員は、その身分を示す証明書を携帯し、関係者の請求があるときは、これを提示しなければならない。

3　第一項の規定による立入調査及び質問の権限は、犯罪捜査のために認められたものと解釈してはならない。

（改善命令）

第十七条　都道府県知事は、発達障害者支援センターの第十四条第一項に規定する業務の適正な運営を確保するため必要があると認めるときは、当該発達障害者支援センターに対し、その改善のために必要な措置をとるべきことを命ずることができる。

（指定の取消し）

第十八条　都道府県知事は、発達障害者支援センターが第十六条第一項の規定による報告をせず、若しくは虚偽の報告をし、若しくは同項の規定による立入調査を拒み、妨げ、若しくは忌避し、若しくは質問に対して答弁をせず、若しくは虚偽の答弁をした場合において、その業務の状況の把握に著しい支障が生じたとき、又は発達障害者支援センターが前条の規定による命令に違反したときは、その指定を取り消すことができる。

（専門的な医療機関の確保等）

第十九条　都道府県は、専門的に発達障害の診断及び発達支援を行うことができると認める病院又は診療所を確保しなければならない。

2　国及び地方公共団体は、前項の医療機関の相互協力を推進するとともに、同項の医療機関に対し、発達障害者の発達支援等に関する情報の提供その他必要な援助を行うものとする。

第四章　補則

（民間団体への支援）

第二十条　国及び地方公共団体は、発達障害者を支援するために行う民間団体の活動の活性化を図るよう配慮するものとする。

（国民に対する普及及び啓発）

第二十一条　国及び地方公共団体は、発達障害に関する国民の理解を深めるため、必要な広報その他の啓発活動を行うものとする。

（医療又は保健の業務に従事する者に対する知識の普及及び啓発）

第二十二条　国及び地方公共団体は、医療又は保健の業務に従事する者に対し、発達障害の発見のため必要な知識の普及及び啓発に努めなければならない。

（専門的知識を有する人材の確保等）

第二十三条　国及び地方公共団体は、発達障害者に対する支援を適切に行うことができるよう、医療、保健、福祉、教育等に関する業務に従事する職員について、発達障害に関する専門的知識を有する人材を確保するよう努めるとともに、発達障害に対する理解を深め、及び専門性を高めるため研修等必要な措置を講じるものとする。

（調査研究）

第二十四条　国は、発達障害者の実態の把握に努めるとともに、発達障害の原因の究明、発達障害の診断及び治療、発達支援の方法等に関する必要な調査研究を行うものとする。

（大都市等の特例）

第二十五条　この法律中都道府県が処理することとされている事務で政令で定めるものは、地方自治法（昭和二十二年法律第六十七号）第二百五十二条の十九第一項の指定都市（以下「指定都市」という。）においては、政令で定めるところにより、指定都市が処理するものとする。この場合においては、この法律中都道府県に関する規定は、指定都市に関する規定として指定都市に適用があるものとする。

附　則

（施行期日）

1　この法律は、平成十七年四月一日から施行する。

（見直し）

2　政府は、この法律の施行後三年を経過した場合において、この法律の施行の状況について検討を加え、その結果に基づいて必要な見直しを行うものとする。

附　則　（平成一八年六月二一日法律第八〇号）抄

（施行期日）

第一条　この法律は、平成十九年四月一日から施行する。

附　則　（平成二〇年六月一八日法律第七三号）　抄

（施行期日）

第一条　この法律は、平成二十一年四月一日から施行する。

附　則　（平成二〇年一二月二六日法律第九六号）　抄

（施行期日）

第一条　この法律は、平成二十一年四月一日から施行する。ただし、次の各号に掲げる規定は、当該各号に定める日から施行する。

二　第三条の規定（次号に掲げる改正規定を除く。）及び附則第八条の規定　平成二十四年四月一日

主な発達障害の定義について

自閉症の定義　＜ Autistic Disorder ＞

（平成 15 年 3 月の「今後の特別支援教育の在り方について（最終報告）」参考資料より作成）

自閉症とは、3 歳位までに現れ、他人との社会的関係の形成の困難さ、言葉の発達の遅れ、興味や関心が狭く特定のものにこだわることを特徴とする行動の障害であり、中枢神経系に何らかの要因による機能不全があると推定される。

高機能自閉症の定義　＜ High-Functioning Autism ＞

（平成 15 年 3 月の「今後の特別支援教育の在り方について（最終報告）」参考資料より抜粋）

高機能自閉症とは、3 歳位までに現れ、他人との社会的関係の形成の困難さ、言葉の発達の遅れ、興味や関心が狭く特定のものにこだわることを特徴とする行動の障害である自閉症のうち、知的発達の遅れを伴わないものをいう。

また、中枢神経系に何らかの要因による機能不全があると推定される。

学習障害（LD）の定義　＜ Learning Disabilities ＞

（平成 11 年 7 月の「学習障害児に対する指導について（報告）」より抜粋）

学習障害とは、基本的には全般的な知的発達に遅れはないが、聞く、話す、読む、書く、計算する又は推論する能力のうち特定のものの習得と使用に著しい困難を示す様々な状態を指すものである。

学習障害は、その原因として、中枢神経系に何らかの機能障害があると推定されるが、視覚障害、聴覚障害、知的障害、情緒障害などの障害や、環境的な要因が直接の原因となるものではない。

注意欠陥／多動性障害（ADHD）の定義　＜ Attention-Deficit/Hyperactivity Disorder ＞

（平成 15 年 3 月の「今後の特別支援教育の在り方について（最終報告）」参考資料より抜粋）

ADHD とは、年齢あるいは発達に不釣り合いな注意力、及び／又は衝動性、多動性を特徴とする行動の障害で、社会的な活動や学業の機能に支障をきたすものである。

また、7 歳以前に現れ、その状態が継続し、中枢神経系に何らかの要因による機能不全があると推定される。

※アスペルガー症候群とは、知的発達の遅れを伴わず、かつ、自閉症の特徴のうち言葉の発達の遅れを伴わないものである。なお、高機能自閉症やアスペルガー症候群は、広汎性発達障害に分類されるものである。

引用　http://www.mext.go.jp/a_menu/shotou/tokubetu/004/008/001.htm
「主な発達障害の定義について：文部科学省」

著者紹介

藤井茂樹　NPO法人・JDDネット滋賀理事、滋賀医科大学小児科学講座准教授、パームこどもクリニック顧問
大阪教育大学教育学部言語障害課程卒業、滋賀県公立小学校教諭（ことばの教室担当）、兵庫教育大学大学院修士課程学校教育研究科修了、甲西町・合併後 湖南市（滋賀県）発達支援室室長、独立行政法人国立特別支援教育総合研究所教育相談部総括研究員を経て現在に至る。特別支援教育士スーパーバイザー。

宇野正章　パームこどもクリニック　院長
滋賀医科大学卒業、滋賀医科大学医学部小児科入局、滋賀医科大学医学部大学院、第一びわこ学園をはじめその他各地の医療機関にて一般外来や小児神経外来などを担当。滋賀医科大学小児科非常勤講師として発達障害の講義を担当。

参考資料

American Psychiatric Association原著　高橋三郎ほか訳『DSM-IV-TR 精神疾患の分類と診断の手引』医学書院刊、2003年
杉山登志郎『子ども虐待という第四の発達障害』学研刊、2007年
朝日新聞大阪本社編集局『ルポ　児童虐待』朝日新聞出版社刊、2008年

石崎朝世、藤井茂樹『発達障害 はじめの一歩』少年写真新聞社刊、2008年
トマス・G・ウェスト　久志本克己訳『天才たちは学校がきらいだった』講談社刊、1994年
『心の健康ニュース』少年写真新聞社、No.349（2009年10月号）～No.356（2010年5月号）

結びにかえて

平成16年12月に発達障害者支援法が制定され、法律上発達障害が認められました。この法律は理念法であるため、すぐに政策に結びつかず、発達障害のある人が福祉サービスを受けられないこともありました。平成22年11月には、障害者自立支援法の一部改正が行われ、発達障害のある人が福祉や就労サービスを受けられる扉が開かれました。しかし、市町村の窓口に行けばすぐに細やかな支援が受けられる状況ではなく、これから少しずつ制度設計がなされていくのです。

発達障害のある子どもへの支援は、特別支援教育の推進により充実してきていますが、発達障害のある大人への支援となるとまだ不十分だと言えます。大人が「自分はADHDではないか？」と思って医療機関を受診しても、そのことに対応できる医師はどれだけいるのでしょうか。子どものときは小児科の医師、大人になれば精神科の医師ですが、そのつなぎも地域によって差がみられ、法律ができても具体的に個々の人が持っているニーズに対しきめ細かく対応していくには、発達障害のある人と関わる人たちのネットワークの充実は不可欠だと思います。

本書で提案した、老人、子ども、障害のある人などの、さまざまな弱い立場の人が安心して暮らせる社会、互いに支え合い、認め合い尊重することにより、すべての人が生活しやすくなる社会の実現こそが、発達障害のある人へのサポートと言えるのではないでしょうか。平成23年3月に起こった東日本大震災に遭われた人たちが、極限状態の中で互いに支え合い協力しながら生活される姿に、人にはこのような力があるのだと感銘を受けました。今後の日本の、地域のあるべき姿を見たように思います。このような力が発揮されるならば、発達障害のある人を含め、さまざまな支援の必要な人の未来は、決して暗いものではないと感じたのは筆者だけではなかったと思います。もちろん、そこには「心ある市民」だけでなく、有効な公的サポートとの連携が不可欠ですが。

一番弱い立場の人が安心して暮らせる社会こそが、どんな人にとっても安心して生活できる社会だと言えるでしょう。東北の復興と再生を心より祈りつつ、私も私のフィールドで全力を尽くしてまいります。

藤井茂樹

発達障害 共生への第一歩
～みんな違う だからいい～

2011年5月31日 初版第1刷 発行

著　　者 藤井 茂樹、宇野 正章
発 行 人 松本 恒
発 行 所 株式会社 少年写真新聞社
〒102-8232 東京都千代田区九段北1-9-12
TEL 03-3264-2624 FAX 03-5276-7785
URL http://www.schoolpress.co.jp/
印 刷 所 大日本印刷株式会社

ISBN978-4-87981-388-6 C0037
NDC 378

スタッフ 編集：東 由香 DTP：横山 昇用 校正：石井 理抄子 イラスト：おかもと みほこ 表紙・カバーイラスト：松元 伸乃介
編集長：野本 雅央